コロナ禍の
社内規程と様式

荻原 勝・著

経営書院

はじめに

　会社は、新型コロナウイルス感染防止のために、社員に対して、出勤時の手指の消毒、勤務時間中のマスクの着用などを求めています。また、職場の換気にも、これまで以上に努めています。

　感染を防止するためには、いわゆる３密（密閉・密集・密接）の機会を少しでも減らすことが必要です。このため、2020年２月の感染拡大以降、テレワーク（リモートワーク・在宅勤務）を導入・実施する会社が急速に拡大しました。それ以前にもテレワークを実施する会社はありましたが、その数はきわめて限られていました。

　テレワークの場合は、社員の労務管理、業務管理の面で相当工夫しなければなりません。社員とのコミュニケーションと労働時間管理について、一定の工夫を払うことが必要です。

　しかし、「感染の防止には、テレワークが効果的」「政府や自治体がテレワークを推奨しているから」といって、テレワークを安易に実施すると、会社全体の業務が停滞し、業績に大きな影響を与える可能性があります。さらにコロナ禍で、オンラインによる採用面接や会議を実施する会社も確実に増加しています。

　また、コロナ禍では、外出の自粛、人の移動の制限などに伴い経済活動が低迷し、その影響で業績が低下する可能性があります。販売が落ち込んで人員が過剰になったときは、一時休業などの措置が必要となります。

　本書は、コロナ禍における人事制度のあり方を、実務に即して紹介・解説したものです。

　執筆に当たっては、読みやすさ・わかりやすさに努めました。

　また、実務において使用していただけるよう、各種の「様式」（届出書・伺い書・報告書・その他）を多数掲載したほか、「社内通知

書」「実施要領」および「社内規程」のモデル例も紹介しました。

　国民の誰もが、コロナの感染が1日も早く完全に収束することを願っています。しかし、残念なことにコロナ感染はしばらくの間継続するといわれています。これに対応して、会社は人事制度の見直しを進めていくことが必要です。

　本書が人事制度の見直しの現場において、お役に立つことができれば幸いです。

　最後に、本書の刊行に当たっては、経営書院の皆さんに大変お世話になりました。ここに記して、厚く御礼申し上げます。

荻原　勝

目　　次

はじめに

第1章　新型コロナ感染防止の社内体制

  1　新型コロナ感染防止心得の作成 ………………………………… 2

  2　新型コロナ感染防止リーダー制度 …………………………… 6

  3　新型コロナ感染防止委員会制度 ……………………………… 8

  4　感染防止強化月間制度 ………………………………………… 13

  5　感染予防手当の支給 …………………………………………… 15

第2章　テレワークの推進

  1　テレワーク制度 ………………………………………………… 18

  2　テレワーク社員の心得 ………………………………………… 35

  3　テレワーク部門役職者の心得 ………………………………… 38

  4　IT端末の貸出制度 …………………………………………… 40

  5　テレワーク社員の人事考課制度 ……………………………… 43

  6　テレワーク社員の給与制度 …………………………………… 49

  7　テレワーク社員の副業制度 …………………………………… 56

  8　テレワーク社員の社内副業制度 ……………………………… 64

  9　テレワーク社員の健康と体力づくり制度 …………………… 68

  10　テレワーク社員の意識調査制度 …………………………… 73

  11　テレワークの効果検証制度 ………………………………… 76

  12　育児・介護テレワーク制度 ………………………………… 80

  13　テレワーク資金貸付制度 …………………………………… 84

  14　テレワークのルームチャージ補助制度 …………………… 87

  15　テレワーク契約社員制度 …………………………………… 90

第3章　モバイルワークの展開

1　モバイルワーク制度 ………………………………… 96
2　モバイルワークの業務目標設定制度 ……………… 105
3　モバイルワークの業務計画作成制度 ……………… 107
4　モバイルワーク社員の人事考課制度 ……………… 109

第4章　3密緩和の勤務時間・休日制度

1　時差勤務制度 ………………………………………… 118
2　選択型時差勤務制度 ………………………………… 123
3　フレックスタイム制度 ……………………………… 126
4　フリータイム制度 …………………………………… 137
5　分散型休日制度 ……………………………………… 142
6　ノー残業デー・ノー残業ウィーク制度 …………… 145

第5章　オンラインの活用

1　新卒者のオンライン採用面接制度 ………………… 150
2　オンライン採用内定式制度 ………………………… 164
3　オンライン内定者交流会制度 ……………………… 167
4　オンライン入社前研修制度 ………………………… 169
5　中途採用者のオンライン採用面接制度 …………… 173
6　オンライン会議制度 ………………………………… 178

第6章　コロナ禍の業務心得・服務規律

1　営業職の服務心得 …………………………………… 184
2　営業職のお客さま訪問心得 ………………………… 190
3　営業職の取引先接待心得 …………………………… 193
4　店頭販売職の業務心得 ……………………………… 196
5　IT端末の使用心得 …………………………………… 201
6　個人情報（お客さま情報）の取扱心得 …………… 204

   7   会議開催の心得 ……………………………………………… 207

   8   来客者応対の心得 …………………………………………… 209

   9   パワーハラスメントの防止 ……………………………… 210

  10   フリーアドレス制度 ……………………………………… 214

  11   退職者の心得 ………………………………………………… 219

第7章　コロナ禍の通勤

   1   マイカー通勤制度 …………………………………………… 226

   2   自転車通勤制度 ……………………………………………… 231

   3   一駅てくてく運動制度 …………………………………… 235

第8章　テレワーク時代の褒賞金制度

   1   業績目標達成褒賞金制度 ………………………………… 240

   2   部門業績の目標達成褒賞金制度 ……………………… 244

   3   営業褒賞金制度 ……………………………………………… 247

   4   生産性褒賞金制度 …………………………………………… 250

   5   商品開発褒賞金制度 ……………………………………… 253

   6   提案褒賞金制度 ……………………………………………… 255

   7   資格褒賞金制度 ……………………………………………… 257

第9章　コロナ禍のリスクマネジメント

   1   感染者・濃厚接触者の取扱い …………………………… 262

   2   一時休業制度 ………………………………………………… 266

   3   人件費の抑制 ………………………………………………… 273

   4   諸経費の削減 ………………………………………………… 279

   5   新卒者採用の抑制・停止 ………………………………… 281

   6   希望退職の実施 ……………………………………………… 283

第**1**章

新型コロナ感染防止の社内体制

1　新型コロナ感染防止心得の作成
2　新型コロナ感染防止リーダー制度
3　新型コロナ感染防止委員会制度
4　感染防止強化月間制度
5　感染予防手当の支給

1　新型コロナ感染防止心得の作成

(1)　感染防止のポイント

　新型コロナウイルスは、当初、一般の人が予想していた以上に感染力の強い、恐ろしい感染症です。

　感染を予防するためには、社員一人ひとりが感染症の恐ろしさを自覚し、

　　・手指の消毒

　　・マスクの着用

　　・他の人との一定の間隔の確保（ソーシャル・ディスタンス）

などを日常的に確実に行うことが必要です。感染症の専門家が呼びかけていることを几帳面に行うことにより、はじめて予防が図られます。

　新型コロナウイルスの感染拡大が始まった当初は、誰もが手指の消毒やマスクの着用などに努めていましたが、感染予防の期間が長期化するにつれて緊張感・危機感が低下し、予防策を実施しない人が出始めているといわれます。

(2)　感染防止心得の作成と周知

　労働安全衛生法は、使用者に対して労働者の安全と健康を守る義務を課していて、会社は職場における新型コロナウイルスの感染防止に努める義務があります。

　感染を防止するため、手指の消毒、マスクの着用、他の社員との距離の確保、職場の換気などの社員が取るべき行動を「心得」として取りまとめ、その周知を図ることが望ましいです。

(3)　感染防止心得の作成

　感染防止心得の作成例は、次のとおりです。

───── **新型コロナ感染防止心得** ─────

1　日ごろから健康の維持に努めること。

2　出勤前に体温を測定すること。

3　次の場合には、出勤を控えること。

(1)　体温が37度５分以上あるとき

(2)　体調が良くないとき

(3)　せき、吐き気、だるさ等の症状があるとき

4　出社したときは、所定の場所で消毒液にて手指の消毒を行うこと。

5　勤務時間中は、マスクを着用すること。

6　勤務時間中は、次のことに留意すること。

(1)　他の社員と密接しないこと

(2)　大きな声で話をしないこと

(3)　職場の換気に努めること

7　終業後、いわゆる夜の繁華街に出入りしないこと。

8　同僚や仕事の関係者と飲食店に行くときは、次のことに努めること。

(1)　大人数では行かないこと

(2)　隣の人との間に一定の間隔を空けること

(3)　大声を出さないこと

(4)　できる限り早めに切り上げること

(5)　飲食をしていないときは、マスクを着用すること

以上

⑷　**防止心得遵守のセルフチェック**

①　**セルフチェックの趣旨**

感染防止心得を作成しても、社員がそれを実践しなければ何の意味

3

もありません。心得の内容を日常的・恒常的に実施することが重要です。また、日常的に手指の消毒、マスクの着用、ソーシャルディスタンスの確保、部屋の換気などを行うことにより、職場における感染の防止が図られます。

　感染防止心得を作成したときは、その心得をどの程度守って行動しているかを定期的に社員自身がチェックする仕組みを導入するのがよいでしょう。セルフチェックを通して、手指の消毒やマスクの着用等の行動がいかに大切であるかをあらためて自覚してもらいます。

　セルフチェックは、1か月に1、2回程度の頻度で行うのが現実的でしょう。この程度の頻度であれば、社員に負担感を与えることはないでしょう。

② 　セルフチェックシートの作成

　セルフチェックの様式例を示すと、次のとおりです。このようなシートを社員一人ひとりに手渡し、自身の日常の取組みをチェックしてもらいます。

＜感染予防チェックシート＞

○ 　その1 （心得と連動したもの）

感染予防チェックシート

○新型コロナ感染防止のための行動をどの程度しているかをチェックしてください。

（評語） 1　必ずしている 　　　　 2　だいたいしている
　　　　 3　しないことがよくある 　 4　ほとんどしていない

1	出勤前の体温測定	1・2・3・4
2	通勤上のマスク着用	1・2・3・4
3	出勤時の手指の消毒	1・2・3・4

4	勤務時間中のマスク着用	1・2・3・4
5	他の社員との間隔の確保	1・2・3・4
6	大きな声での会話	1・2・3・4
7	個人の携帯品の消毒	1・2・3・4

○　その2（アンケート形式のもの）

感染予防チェックシート

○新型コロナ感染防止のための行動をどの程度しているかを
　チェックしてください。

Q1　日頃から家で手洗いをしているか
　　　1　よくしている　　　2　あまりしていない
　　　3　ほとんどしていない

Q2　出勤前に体温を測っているか
　　　1　必ず測っている　　　　2　だいたい測っている
　　　3　測らないことが多い　　4　測っていない

Q3　出勤したときに、手指を消毒しているか
　　　1　必ず消毒している　　　　2　だいたい消毒している
　　　3　消毒しないことが多い　　4　消毒していない

Q4　職場ではマスクを着用しているか
　　　1　必ず着用している　　　　2　だいたい着用している
　　　3　着用しないことが多い　　4　着用していない

Q5　職場では、他の社員との間隔を取っているか
　　　1　必ず取っている　　　　2　だいたい取っている
　　　3　取らないことが多い　　4　取っていない

Q6　職場では大声を出さないようにしているか
　　　1　必ずしている　　　　2　だいたいしている

2 新型コロナ感染防止リーダー制度

⑴　制度の趣旨

　会社は、職場における感染防止を組織的に取り組むことが望ましいです。また、感染防止は、組織的に取り組むに値する重要な問題です。ただ単に社員の通用門に消毒液を置くだけで、その他の措置は特に講じていないというのは、適切な措置とはいえません。

　感染防止に組織的に取り組むという観点からすると、職場（部・課）ごとに、感染防止活動に当たるリーダー（責任者）を置くのがよいでしょう。

⑵　制度の内容

①　リーダーの任務

　リーダーの任務は、次のとおりとするのが適切です。

・課のメンバーに対する感染防止の重要性の啓発

・課のメンバーが出勤時の手指の消毒、マスクの着用、他の社員との間隔の確保、その他感染防止のための対策を取っているかを適宜チェックすること

・感染防止のための行動が不十分であると認められるときは、感染防止対策を徹底するように協力を求めること

・職場の換気を図ること

・その他職場における感染防止について有効な措置を講ずること

②　リーダーの選任手続き

リーダーは、職場の責任者（課長）を選任するのが適切でしょう。

(3)　社員への通知

リーダーの活動については、一般社員の理解と協力が必要不可欠です。このため、リーダー制度を実施するときは、その趣旨を社員に通知し、リーダーの活動についての理解と協力を求めましょう。

＜社員への通知＞

　　　　　　　　　　　　　　　　　　　　　　○○年○○月○○日

社員の皆さんへ

　　　　　　　　　　　　　　　　　　　　　取締役社長

　　　　　　　感染防止リーダー制度について（お知らせ）

　新型コロナウイルスの感染拡大が続いています。職場における感染防止には、組織的に取り組むことが必要です。このため、課ごとに「感染防止リーダー」を選任し、感染防止に当たることにしました。リーダーの任務は、次のとおりです。このことについて、皆さんのご理解とご協力を求めます。
①　課のメンバーに対する感染防止の重要性の啓発
②　課のメンバーが出勤時の手指の消毒、マスクの着用、他の社員との間隔の確保、その他感染防止のための対策を取っているかを適宜チェックすること
③　感染防止のための行動が不十分であると認められるときは、感染防止対策を徹底するように協力を求めること
④　職場の換気を図ること
⑤　その他職場における感染防止について有効な措置を講ずること

　　　　　　　　　　　　　　　　　　　　　　　　　　以上

---

3 新型コロナ感染防止委員会制度

(1) 制度の趣旨

　会社は、経営を組織的に展開していくために、一般的に部課制を採用しています。そして、部課ごとにその業務と責任を明確にしています。

　しかし、担当する部門が必ずしも明確でない、経営上重要な問題が生じたときは、組織横断的な委員会を設置して、その問題への対応を検討します。そして、委員会の検討結果を踏まえて、会社の方針・対応を決定します。

　新型コロナ感染防止は、単に手指の消毒やマスクの着用だけで済む問題ではありません。働き方の根本的な変革（例えば、テレワークやモバイルワーク）や組織のあり方にも及ぶテーマです。組織横断的な委員会を設けて対応すべき重要問題であり、人事部門だけに対応を任せればよいという問題ではありません。

(2) 制度の内容
① 委員会の設置期間

　委員会の設置期間は、設置日から1、2年程度とします。ただし、新型コロナの感染状況に応じて期間の延長、または短縮もあります。

② 委員会の構成

　委員の人数が少ないと、個人的な意見や主張が表面に出る可能性があります。そうしたことは好ましくありません。逆に委員の人数が多いと、自由に意見を述べることが難しくなります。委員の人数は、一般的に10〜15名程度とするのが適切でしょう。

③ 委員の選任

　どの委員会についてもいえることですが、委員会の成果は委員の見識、知見、知識によって大きく左右されます。

　この委員会は、単にコロナ感染防止対策を議論するのみならず、コ

ロナ禍における働き方や組織編制についても議論します。したがって、経営事情と経営環境を熟知している者を委員に選任する必要があります。このため、委員は、中堅クラス以上の社員のなかから、社長が関係役員・関係部長の意見を聴いて指名するものとします。

様式例　委員の辞令

　　　　　　　　　　　　　　　　　　　　　○○年○○月○○日

○○部○○課○○○○殿

　　　　　　　　　　　　　　　　　　取締役社長○○○○

辞　令

　新型コロナ感染防止委員会の委員に任ずる。委員の使命を自覚し、委員会の活動に精励することを期待する。

（任期）○○年○○月○○日から２年間

　　　　　　　　　　　　　　　　　　　　　　　　　　以上

---

④　**委員の任期**

　委員の任期は、委員会の設置期間と同じとします。

⑤　**委員会の任務**

　委員会の任務は、次のとおりです。

図表　委員会の任務

1　社員に対する感染防止対策の必要性の啓発
2　社員への感染防止対策の順守の呼びかけ
3　感染防止対策の順守状況の検証
4　感染防止対策の提言（新規対策、既存の対策の見直し等）
5　新しい働き方と組織編制の提言
6　感染防止に関する情報の収集、分析
7　その他感染防止に関すること

---

⑥　**役員の選任**

　委員会は、効率的に運営する必要があるため、委員会に次の役員を

置きます。

　　委　員　長・・・委員会を総括する。

　　副委員長・・・委員長を補佐し、委員長が不在のときは、その業
　　　　　　　　　務を代行する。

　　幹　　　事・・・委員会の運営に関する業務を執り行う。

　　幹事補佐・・・幹事を補佐し、幹事が不在のときは、その業務を
　　　　　　　　　代行する。

⑶　**社員への通知**

　　委員会の活動が円滑に行われるためには、一般社員の理解と協力が
必要です。このため、委員会を設置したときは、その趣旨と任務を社
員に通知します。

＜社員への通知＞

　　　　　　　　　　　　　　　　　　　　　　　　○○年○○月○○日

社員の皆さんへ

　　　　　　　　　　　　　　　　　　　　　　　　　取締役社長

　　　　　　　新型コロナ感染防止委員会の設置について（お知らせ）

　　新型コロナウイルスの感染拡大が続いています。職場における感染防
止には、組織的に取り組むことが必要です。このため、会社は、このほ
ど「新型コロナ感染防止委員会」を設置しました。委員会は、感染防止
に当たるのみならず、コロナ禍に対応する新しい働き方や組織編制につ
いても考えます。委員会のメンバーは、次のとおりです。このことにつ
いて、皆さんのご理解とご協力を求めます。

	所属	氏名
委員長		
副委員長		
幹事		
幹事補佐		

以上

⑷　委員会の社内規程

　委員会の構成、任務および運営方法を定めた社内規程例を示します。

新型コロナ感染防止委員会規程

（総則）

第1条　この規程は、新型コロナウイルス感染防止委員会について定める。

（新型コロナウイルス感染防止委員会の設置）

第2条　会社は、新型コロナウイルスの感染防止に組織的に取り組むため、「新型コロナ感染防止委員会」（以下、「委員会」という）を設置する。

2　委員会の設置期間は、設置日から2年とする。ただし、新型コロナの感染状況に応じて期間を延長または短縮することがある。

（委員会の構成）

第3条　委員会は、15名以内の委員をもって構成する。

（委員の選任）

第4条　委員は、中堅クラス以上の社員のなかから、社長が関係役員・関係部長の意見を聴いて指名する。

（委員の任期）

第5条　委員の任期は、委員会の設置期間と同じとする。

（委員会の任務）

第6条　委員会の任務は、次のとおりとする。

(1) 社員に対する感染防止対策の必要性の啓発

(2) 社員への感染防止対策の順守の呼びかけ

(3) 感染防止対策の順守状況の検証

(4) 感染防止対策の提言（新規対策、既存の対策の見直し等）

(5) 新しい働き方と組織編制の提言

(6) 感染防止に関する情報の収集、分析

(7) その他感染防止に関すること

（役員の選任）

第7条　委員会に次の役員を置く。

　　　委　員　長・・・委員会を総括する。

　　　副委員長・・・委員長を補佐し、委員長が不在のときは、その業務を代行する。

　　　幹　　　事・・・委員会の運営に関する業務を執り行う。

　　　幹事補佐・・・幹事を補佐し、幹事が不在のときは、その業務を代行する。

2　委員長は、社長が指名する。

3　委員長以外の役員は、委員長が指名する。

（委員会の開催）

第8条　委員会は、委員長が招集することにより開催する。

2　委員会においては、委員長が議長となる。

（議事録の作成）

第9条　委員会を開催したときは、議事録を作成する。

2　議事録の作成者は、委員長が指名する。

（事務局）

第10条　委員会の事務は、人事部において執り行う。

（付則）

この規程は、○○年○○月○○日から施行する。

4　感染防止強化月間制度

(1)　制度の趣旨

　職場における新型コロナの感染を防止するためには、すべての社員が日常的に手指の消毒、マスクの着用、他人との距離の確保、部屋の換気などの基本的な予防策を几帳面に積み重ねることが必要です。

　しかし、現実問題として、365日間にわたって、緊張感をもって基本的対策を講じることはなかなか難しいでしょう。

　ある問題への緊張感を継続させる1つの工夫は、「取組み強化月間」を設けることです。その問題への関心を特に強めるための期間を設定することです。実際、交通安全、労働災害の防止、食中毒の防止などについては、そのような手法が採用され、一定の効果を収めています。

　新型コロナの感染防止についても、「感染防止強化月間」を設けることが考えられます。その期間に、防止対策の意識と行動をあらためて見直してもらいます。

(2)　強化月間の決定

　防止月間を具体的に定めます。例えば、3、6、9、12月を防止強化月間とします。

　　・コロナの感染力がきわめて強いこと

　　・1年を通して感染すること

を考えると、強化月間は年1回ではなく、2回以上とするのが適切でしょう。

　強化月間を決めたときは、社員に通知し、理解と協力を求めます。

＜社員への通知＞

○○年○○月○○日

社員の皆さんへ

取締役社長○○○○

　新型コロナ感染防止強化月間の設定について（お知らせ）

　新型コロナは、感染力の強い、恐ろしい感染症です。その予防のためには、365日間にわたって緊張感をもって対策を講じる必要があります。しかし、長期にわたって緊張感を維持することは現実的に困難です。

　このため、普段から消毒、マスクの着用等に取り組むとともに、特定の月には特に強力に予防策を講じることとし、「予防強化月間」を設けることとしました。予防強化月間は、3、6、9、12月です。このことについて、皆さんのご理解とご協力を求めます。

以上

(3)　社長メッセージの発出等

　予防強化月間には、

・基本的な防止策を継続的に実施するよう呼びかける社長メッセージを出す

・職場に感染防止のポスターを張り出す

・課長会議や部長会議などで、感染防止対策の実施状況を話し合う

・産業医を招いて感染防止の講演会を開催する

などを行い、あらためて注意を喚起します。

＜感染防止の社長メッセージ＞

○○年○○月○○日

社員の皆さんへ

取締役社長○○○○

新型コロナウイルスの感染防止について（お願い）

　今月は、新型コロナの感染防止強化月間です。日ごろから感染防止の基本対策を講じて頂いていますが、さらに次のことに取り組むようにお願いします。

1　出勤したとき、外出から帰社したときは、手指を消毒すること
2　勤務時間中は、マスクを着用すること
3　他人との間に一定の間隔を設けること
4　大きな声を出さないこと
5　換気を行うこと
6　体調が良くないときは、出勤を控えること

以上

5　感染予防手当の支給

(1)　感染防止の出費

　マスク1枚当たりの価格は、それほど高いとはいえませんが、毎日几帳面に取り換えると、1か月の総額は無視できません。家族が4、5人の家庭では、1か月のマスク代は相当の金額にのぼります。

　消毒液についても、同様です。消毒1回当たりの消毒代は、それほど高いとはいえませんが、家族全員が毎日外出から帰宅したときに几帳面に消毒すると、1か月の消毒液の購入代は相当の金額に達します。

　当然のことではありますが、コロナの感染がなかったときは、一般の家庭でのマスク代・消毒液代は、ゼロか、ゼロに近い金額だったでしょう。それがコロナの感染拡大により、家計の出費項目として浮上することになりました。

(2) 感染防止手当の支給

　会社には、マスク代、消毒液代、その他の感染防止コストを負担すべき義務はありません。しかし、家計の負担になっていることを考えると、一定額の感染防止手当を支給し、家計の負担増を緩和するのが望ましいといえます。

　支給額の決め方には実務的に、

　・全員一律に一定額を支給する

　・家族数に応じて支給額を決める

などがあります。

　感染防止手当の金額は、家族数に応じて増大します。したがって、支給額は「本人○○円、家族1人につき○○円」という形で決めるのが合理的といえます。

＜感染予防手当支給の社内通知＞

　　　　　　　　　　　　　　　　　　　　　　　　○○年○○月○○日

社員の皆さんへ

　　　　　　　　　　　　　　　　　　　　取締役社長○○○○

新型コロナウイルスの感染防止手当の支給について（お知らせ）

　新型コロナウイルスの感染予防には、マスク、消毒液などの購入が必要です。これらの購入費の一部を補助する目的で、手当を支給することとします。

　　　　　　　　　　　　　　　記

1　支給額
　　社員本人　　　○○円（月額）
　　扶養家族（1人当たり）　　○○円（月額）
2　支給日
　　給与の支給日に支給する。
3　支給対象者
　　社員全員
4　支給開始
　　○○年○○月

　　　　　　　　　　　　　　　　　　　　　　　　　　以上

第2章

テレワークの推進

1　テレワーク制度

2　テレワーク社員の心得

3　テレワーク部門役職者の心得

4　IT端末の貸出制度

5　テレワーク社員の人事考課制度

6　テレワーク社員の給与制度

7　テレワーク社員の副業制度

8　テレワーク社員の社内副業制度

9　テレワーク社員の健康と体力づくり制度

10　テレワーク社員の意識調査制度

11　テレワークの効果検証制度

12　育児・介護テレワーク制度

13　テレワーク資金貸付制度

14　テレワークのルームチャージ補助制度

15　テレワーク契約社員制度

1 テレワーク制度

(1) テレワークの趣旨

① 新型コロナの感染防止とテレワーク

職場のスペースは、地価が高いこともあり、限られています。その限られたスペースで多くの社員が働くため、いわゆる3密(密閉・密集・密接)の状態となります。

また、会社の大半が都市に事業所を置いているため、電車・バス等の公共交通機関を利用して通勤するのが一般的です。

公共交通機関は、朝晩の限られた時間帯に多くの通勤・通学客が集中するため、3密の状態となります。満員電車やバスは、3密の象徴ともいえます。

新型コロナウイルスの感染を防止するためには、3密を少しでも緩和・解消する必要があります。このような事情から、会社へ行かずに自宅等で仕事をするというテレワーク(リモートワーク・在宅勤務)が推奨されています。

② テレワークのメリットと問題点

テレワークは、新型コロナウイルスの感染拡大を抑制できるという効果のほか、

・業務の効率化、生産性の向上を図れる

・オフィススペースを節減できる

・社会のデジタル化を推進できる

などの効果も期待できます。

しかしその一方で、「社員に孤独感・疎外感を与える」「職場の一体感・連帯意識を低下させる」などの問題点も指摘されています。

図表　テレワークのメリットと問題点

(1)　会社にとってのメリットと問題点

メリット	問題点
○社員のコロナ感染リスクを減らせる ○業務の生産性を向上できる ○オフィススペースを縮小できる	●社員相互および社員・上司とのコミュニケーションが減少し、職場の一体感、連帯感が低下する ●社員の会社への帰属意識、愛社精神が低下する ●社員が会社の眼の届かないところで働くので、勤務時間管理が難しくなる ●社員の仕事の進捗状況を的確に把握することが難しい ●社員の人事考課が難しくなる ●社員の能力開発、スキルアップが難しい ●副業・アルバイトをする社員が増加する

(2)　働く者にとってのメリットと問題点

メリット	問題点
○コロナの感染リスクが低下する ○会社に通勤する必要がなくなるので、身体的・精神的な負担がなくなる ○仕事に集中し、効率化を図れる ○育児・介護と仕事との両立が容易となる（ワーク・ライフ・バランスの実現）	●自宅が就業に適していない。仕事に集中できる部屋がない ●単独で仕事をするので、孤独感、ストレスが高まる ●不安感、疎外感にとらわれる ●出勤時間がなくなるので、生活が不規則となる ●運動不足となる。健康の維持が難しくなる ●深夜や休日にも働くこととなり、長時間労働となる ●仕事と家庭生活との区別がつかなくなる

(2)　労働法令の適用

　社員は、会社から命令されて、あるいは会社に申し出てテレワークをするわけですが、テレワークをするからといって、雇用形態や身分は変わりません。会社から雇用されている「労働者」であることに変化はないのです。

　労働者であるから、労働基準法やその他の労働関係の法令が適用されます（厚生労働省「テレワークにおける適切な労務管理のためのガイドライン」（以下、「テレワーク・ガイドライン」という））。

　例えば、労働基準法では、

　　・労働時間は、1日8時間、1週40時間を超えてはならない

　　・休日は、週に1回以上与えなければならない

　　・時間外や休日に労働させるときは、労働組合と協定を結ばなければならない

　　・時間外や休日に労働させたときは、割増賃金を支払わなければならない

などと規定しています。これらの規定は、テレワークにも適用されます。

(3)　テレワーク制度の内容

①　テレワークの対象業務

　テレワークは、主として自宅で業務を行うという勤務形態です。自宅の広さは限られているし、機械設備があるわけでもなければ、スタッフがいるわけでもありません。また、会社では、さまざまな業務が行われていますが、自宅ですべての業務ができるわけではありません。

　テレワークに適しているのは、一般的に、パソコンを駆使して遂行する次の業務です。

　　・専門的知識を必要とする業務（例えば、情報システムの分析・設

計などの業務）

・企画関係の業務（経営企画・業務企画・商品企画）

　人との接触を必要とする業務や、専門的知識を必要としない定型的・補助的な業務は、テレワークには適していません。また、物品、資材、原材料等を取り扱うものも、適していません。

② 　テレワークの対象者

　テレワークの対象者は、「専門的知識を必要とする業務、または企画関係の業務をパソコンを駆使して、自己の判断で遂行できる者」とします。

③ 　テレワークの形態

　テレワークの形態には、主として、

・対象者全員をいっせいにテレワークとする

・対象者をいくつかのグループに区分し、交替でテレワークをさせる

・対象者のうちの希望者に限ってテレワークをさせる（希望しない者は、通常のオフィス勤務とする）

などがあります。

　どのような形態を採用するかは、もとより各社の自由です。次のものを踏まえて、実施形態を選択すべきです。

・新型コロナの感染拡大状況

・社員の希望

図表　テレワークの形態

テレワークの形態	例
全員いっせい型	対象業務に従事する社員全員にテレワークを命令する
交替型	対象業務に従事する社員を２つ、あるいは３つのグループに分け、１か月交替でテレワークをさせる。

	（例） 1月＝Aグループ➡テレワーク 　　　　Bグループ➡社内勤務 2月＝Aグループ➡社内勤務 　　　　Bグループ➡テレワーク 3月＝Aグループ➡テレワーク 　　　　Bグループ➡社内勤務 4月＝Aグループ➡社内勤務 　　　　Bグループ➡テレワーク 　　　　　　　　　〳
希望者限定型	対象業務に従事する社員のうち、希望者に限ってテレワークを認める

④　テレワークの実施期間

　実施期間の決め方には、主として、

　・あらかじめ期間を限って実施する

　・コロナの感染が収束するまでとする

　・特に期間は決めない（コロナの感染拡大が収束しても、「新しい　勤務形態」として永続的に実施する）

などがあります。

　テレワークは、3密を解消するので、コロナの感染予防対策として有効です。しかし、労務管理という観点から評価すると、メリットもあれば問題点もあります。メリットだけで問題点は特に見当たらないというわけではありません。

　一般的にいえば、実施期間は「コロナの感染が収束するまでの期間」とし、収束した時点で労務管理上のメリットと問題点を検証したうえで、継続して実施するかどうかを決定するのが現実的な対応といえます。

⑤　テレワークの勤務時間

　テレワークの勤務時間の決め方には、実務的に次の3つがあります。

　・通常の勤務と同じとする（通常の勤務時間が午前9時〜午後6時

であれば、テレワークもそれと同じとする）
・フレックスタイム制とする
・フリータイム制とする

　勤務時間については、「テレワークは、会社の眼の届かないところ
で、社員の裁量によって行われるため、勤務時間を決めても、守られ
る可能性は乏しい。したがって、勤務時間を決めるのは意味がない」
という意見があります。

　それも、1つの意見でしょう。しかし、テレワーク勤務者にも労働基
準法が適用されるから、就業規則において勤務時間を定める必要があ
ります。

図表　テレワークの勤務時間の決め方

勤務時間の決め方	例
通常勤務型	午前9時～午後6時（休憩・正午～午後1時）
フレックスタイム制	①労働時間の清算期間➡1か月 ②始業時間帯➡午前8～10時 ③終業時間帯➡午後3～8時 ④コアタイム➡午前10時～午後3時 ⑤1か月の所定労働時間➡8時間×1か月の所定労働日数
フリータイム制	①労働時間の清算期間➡1か月 ②勤務時間帯➡午前7時～午後10時 ③1か月の所定労働時間➡8時間×1か月の所定労働日数

⑥　**勤務時間の算定**

　労働基準法は、「労働者が労働時間の全部又は一部について事業場
外で業務に従事した場合において、労働時間を算定し難いときは、所
定労働時間労働したものとみなす」（第38条の2）と定めています。

　テレワークは、主として社員の自宅で行われるので、会社として本

人が何時間働いたかを正確に把握することができません。

　労働時間の算定については、実務的に、

　・労働基準法の規定に従い、みなし労働時間制を適用する

　・社員に申告させ、申告のあった時間を労働時間とする

の2つがあります。

　「テレワーク・ガイドライン」は、テレワークに対して「事業場外みなし労働時間制」を適用するには、次の2つの条件を満たすことが必要であるとしています。

　・情報通信機器が、使用者の指示により常時通信可能な状態におくこととされていないこと

　・随時使用者の具体的な指示に基づいて業務を行っていないこと

　　事業場外みなし労働時間制の適用は会社にとって、

　・テレワーク社員の労働時間管理を統一的・効率的に行える

　・労働時間が長時間に及ぶのを防止できる

などの効果が期待できます。このため、会社との情報通信システムの接続は、「会社または本人が必要とする場合」に限定し、みなし労働時間制を適用するのがよいでしょう。

図表　テレワークの勤務時間の算定方式

みなし労働時間制	1日所定労働時間を労働したものとみなす
申告方式	1日の勤務時間を社員に申告させ、申告された時間を勤務時間として取り扱う。申告時間が10時間であるときは、所定勤務時間（8時間）を超える2時間を時間外労働として扱う

⑦　深夜・休日勤務の取扱い

　テレワーク社員の中には、「良い仕事をしたい」「成果を出して会社の評価を得たい」などの思いから、深夜（午後10時〜午前5時）や休日に仕事をする者が出てくる可能性があります。社員が、深夜や休日

に仕事をすると、当然のことながら長時間労働となります。長時間労働は、心身の健康を損なう恐れがあります。

　また、労働基準法は、

　・深夜に労働させたときは、割増賃金を支払わなければならない

　・休日に労働させたときは休日労働手当を支払わなければならない

と定めています。したがって、深夜・休日労働が増えると、それだけ給与負担が増加します。

　深夜・休日労働の取扱いには、

　・社員の自由に委ねる

　・事前の届け出制とする

　・許可制とする

の３つがあります（いずれの場合も、36協定の枠内で行わせます）。

　テレワークの長時間労働の防止、給与負担の抑制という観点から判断すると、事前届出制または許可制とするのがよいでしょう。事前に届け出または許可申請のなかったものは、深夜・休日労働としては取り扱いません。したがって、手当は支払いません。

図表　深夜・休日労働の取扱い

方　式	説　　明
本人決定方式	深夜・休日勤務をするかしないか、する場合は何時間するかを、本人の選択に委ねる
届出制	あらかじめ次の事項を会社に届けさせる。 ・業務の内容 ・勤務時間数
許可制	あらかじめ次の事項を会社に申請させ、会社が許可する。 ・業務の内容 ・勤務時間数

（注）いずれも36協定の枠の中で行う。

様式例　深夜・休日勤務届

○○年○○月○○日

取締役社長殿

○○部○○課○○○○

深夜・休日勤務届
（□深夜勤務　□休日勤務）

月日	
時間数	
業務内容	
備考	

以上

⑧　**勤務時間の把握と記録**

　会社は、社員の勤務時間を適正に把握する義務があります。テレワーク社員についても、勤務時間を把握する必要があります。

　「テレワーク・ガイドライン」は、「通常の労働時間制度に基づくテレワークを行う場合においても、使用者は、その労働者の労働時間について適正に把握する責務を有している」と定めています。

　内勤の社員については、タイムカードやICカードなどで勤務時間を把握することが可能ですが、テレワーク社員については、それができません。このため、社員本人に日々の勤務時間を記録させ、それを1週あるいは1か月ごとに報告させるのが現実的です。

26

様式例　テレワーク勤務時間記録表

取締役社長殿

〇〇部〇〇課〇〇〇〇

勤務時間記録表（〇〇年〇〇月）

日	曜日	始業時刻	終業時刻	勤務時間数	深夜勤務時間数	休日勤務時間数	備考
21							
22							
23							
24							
25							
26							
27							
28							
29							
30							
31							
1							
2							
3							
4							
5							
6							
7							
8							
9							
10							
11							
12							
13							
14							
15							
16							
17							
18							
19							
20							
計	＊＊	＊＊	＊＊				＊＊

以上

（注）①正確に記載すること。
　　　②日々記載し、まとめ書きをしないこと。

⑨　業務の進捗状況の管理

　　会社の経営を円滑に行うためには、社員の業務の進捗状況を適切・的確に把握することが必要不可欠です。

　　把握する方法には、
　　・電話で報告させる
　　・メールで報告させる
　　・オンラインで報告させる
　　・出社させて報告させる
などがあります。

　　情報通信機器による報告では、一定の限界があります。社員が過剰、あるいは過小な報告をしたときに、それが事実と異なることを見抜くのは、相当に困難です。やはり、本人と対面し、途中の成果物を現認するなどして、チェックするのがベターです。

　　このため、テレワーク社員に対して、週に１回程度、業務報告のために出社することを義務づけます。

　　役職者は、部下との面談で、指示した業務が順調に遂行されていることが確認できたときは、引き続き業務を継続するよう指示します。もしも、指示した業務の進捗が予定よりも遅れていること、あるいはその内容が期待したレベルを下回っていることが確認されたときは、
　　・進行スケジュールの変更の指示
　　・手段、時間配分の変更の命令
　　・他の社員への応援の依頼
などの措置を講じます。

⑩　通勤手当の取扱い

　　テレワークの社員は、自宅を中心にして業務を遂行し、会社には行きません。したがって、通勤手当を支給する必要はありません。

　　業務の報告や打ち合わせのために出社したときは、交通費の実費を支給します。

様式例　交通費請求書

〇〇年〇〇月〇〇日

取締役社長殿

〇〇部〇〇課〇〇〇〇

交通費請求書（〇〇年〇〇月）

出社日	出社目的	乗車区間	交通費	備考
計	＊＊	＊＊		

以上

⑪　通信費・光熱費等の補償

「テレワーク・ガイドライン」では、「テレワークによって生じる通信費、情報通信機器等の費用負担については、あらかじめ、労使で十分に話し合い、就業規則等で定めておくことが望ましい」としています。

テレワークを自宅で行う場合、「日常生活に要する光熱費・通信費」と「テレワークに要する光熱費・通信費」とを明確に区分することはきわめて困難です。このため、テレワークに要する費用の補償については、一定の金額を「テレワーク手当」という名目で支給することで処理するのが現実的です。

⑫　公平な処遇

テレワークは、経営者や役職者（上司）とは遠く離れた自宅で、1人で行われます。まわりに対面で会話ができる社員は、1人もいません。また、自宅で仕上げた仕事の成果が会社によって公正に評価され

るという保証はまったくありません。このため、テレワーク社員は、「昇給、賞与、昇進・昇格で不利に取り扱われるのではないか」という不安に駆られます。そうした不安をまったく感じないという社員は、きわめて少ないでしょう。

　テレワークをしている社員に対して不要な心配や不安感を与えるのは、好ましいことではありません。このため、「会社は、テレワークをしていること、あるいはテレワークをしたことを理由として、昇給、賞与および昇進・昇格において、有利にも不利にも取り扱わない」旨をはっきりさせておきます。

(4) テレワーク実施基準の作成

　テレワーク制度は、整然と規律正しく行われることが必要です。このため、その内容を決定したときは、「テレワーク実施基準」として取りまとめます。そして、実施基準を社員に公表し、実施基準に従ってテレワークを運用していきます。

テレワーク実施基準

　1　テレワークの実施目的
　(1)　新型コロナウイルス感染症の感染を防止すること
　(2)　業務の効率化を図ること
　2　テレワークの対象者
　　次のいずれかの業務をパソコンを駆使して、単独で遂行できる者。
　(1)　専門的知識を必要とする業務
　(2)　企画業務（経営企画・業務企画・商品企画）
　3　テレワークの実施期間
　　新型コロナウイルスの感染が収束するまでの期間
　4　就業場所

---

(1)　社員の自主的な選択に委ねる。

(2)　危険を伴う場所、就業にふさわしくない場所は避けるものとする。

(3)　自宅以外の施設において就業する場合、次の費用は本人負担とする。

①　その施設を利用することで要する費用

②　自宅とその施設の往復に要する交通費

5　就業規則との関係

テレワークの労働条件および服務規律について、この実施基準に定めのない事項は、すべて就業規則の定めるところによる。

6　テレワークの勤務時間（就業時間）

(1)　勤務時間は、午前9時〜午後6時とする（途中1時間の休憩）。

(2)　勤務時間中は、電話、メール、スマホ等の通信機器は受信可能な状態にしておかなければならない。

(3)　個人的な都合で2時間以上勤務場所を離れる場合は、あらかじめ会社に連絡しなければならない。

7　深夜・休日の業務

(1)　テレワークの時間が長時間に及ぶのを防止するため、深夜（午後10時〜午前5時）および休日には業務を行わないように努めなければならない。

(2)　やむを得ない事情で就業するときは、あらかじめ届け出なければならない。届出のないものは、深夜・休日勤務とは認めない。

8　勤務時間の記録

社員は、毎日、勤務時間を記録し、1か月ごとに会社に提出しなければならない。

9 勤務時間の算定

テレワークについては、会社の指揮命令が及ばず、勤務時間を算定し難いため、労働基準法第38条の2の定めるところにより、所定勤務時間（8時間）勤務したものとみなす。

10 年休の届出

年休を取得するときは、前日までに会社に届け出なければならない。

11 不就業の届出

(1) 次の事情で就業しないときは、あらかじめ会社に届け出なければならない。

　① 体の調子が良くないなど、個人的な事情で就業しないとき

　② 家庭または家族の事情で就業しないとき

(2) 前号により就業しないときは、欠勤とみなす。

12 業務報告の出社

週に一度、社員は業務の報告のために出社しなければならない。

13 通勤手当

(1) 通勤手当は、支給しない。

(2) 業務報告のために出社したときは、交通費の実費を支給する。

14 テレワーク手当の支給

(1) テレワークに伴う光熱費および通信費の負担増加を補償するため、テレワーク手当を支給する。

(2) テレワーク手当は、月額1,000円とする。

15 公平な処遇の保証

会社は、テレワークをしていること、あるいはテレワークをしたことを理由として、次の処遇において、有利にも不利にも取り

扱わない。
　(1)　昇給
　(2)　賞与
　(3)　昇進・昇格

以上

(5)　社員への通知

　社員に対して、新型コロナウイルスの感染拡大防止と業務の効率化のためにテレワークを実施することを通知します。

＜テレワーク実施の社内通知＞
○その1（全社員一斉型の場合）

　　　　　　　　　　　　　　　　　　　　○○年○○月○○日
社員の皆さんへ
　　　　　　　　　　　　　　　　　　　　取締役社長
　　　　　テレワークの実施について（お知らせ）
　新型コロナウイルス感染防止および業務の効率化のために、次のとおりテレワークを実施することとしました。このことについて、皆さんのご理解とご協力を求めます。

1	対象者	専門的知識を必要とする業務および企画関係の業務に従事する者全員
2	実施期間	○○年○○月○○日～新型コロナウイルス感染が収束する日
3	給与・賞与・退職金	現行どおり
4	その他	テレワーク実施基準に定めるところによる

以上

○その2（1か月交替型の場合）

○○年○○月○○日

社員の皆さんへ

取締役社長

テレワークの実施について（お知らせ）

　新型コロナウイルス感染防止および業務の効率化のために、次のとおりテレワークを実施することとしました。このことについて、皆さんのご理解とご協力を求めます。

1	対象者	専門的知識を必要とする業務および企画関係の業務に従事する者全員
2	実施方法	対象者をAグループ、Bグループに分け、1か月交替でテレワークを行う
3	実施期間	○○年○○月○○日〜新型コロナウイルスの感染が収束する日
4	給与・賞与・退職金	現行どおり
4	その他	テレワーク実施基準に定めるところによる

以上

○その3（希望者に限定する場合）

○○年○○月○○日

社員の皆さんへ

取締役社長

テレワークの実施について（お知らせ）

　新型コロナウイルス感染防止および業務の効率化のために、次のとおりテレワークを実施することとしました。このことについて、皆さんのご理解とご協力を求めます。

1	対象者	専門的知識を必要とする業務および企画関係の業務に従事する者のうち、テレワークを希望する者

2　実施期間	○○年○○月○○日～新型コロナウイルス感染が収束する日
3　給与・賞与・退職金	現行どおり
4　その他	テレワーク実施基準に定めるところによる

以上

（テレワークの申請）テレワークを希望する者は、○○月○○日（○）までに、所属長を通じて申請すること

2　テレワーク社員の心得

(1)　テレワークの成功の条件

テレワークは、会社から距離的に離れた場所において、主として自己の裁量で、会社から指示された業務を遂行するというものです。

テレワークを成功させるためには、社員一人ひとりが一定の心構えをもって業務に取り組むことが必要です。

そして、テレワークを成功させるために、社員が心得るべき事項を取りまとめ、周知することが望ましいでしょう。

例えば、

・あらかじめ合理的・現実的な計画を立てて、業務を遂行すること。
・勤務時間を有効に活用して、業務を効率的に遂行すること。
・業務の遂行状況を会社に適宜適切に報告すること。

などを「心得事項」とします。

(2)　心得の策定と周知

心得を策定したときは、その内容を社員に周知します。

<社員への通知>

```
                                    ○○年○○月○○日
テレワークをする社員の皆さんへ
                                        取締役社長
         テレワークの心得について（お知らせ）
  テレワークを成功させるため、次の事項に留意するようお願い
します。
1  あらかじめ合理的・現実的な計画を立てて、業務を遂行する
   こと。業務計画は、業務の内容およびこれまでの実績を十分に
   踏まえて作成すること。
2  勤務時間を有効に活用して、業務を効率的に遂行すること。
   勤務時間に無駄が生じないように努めること。
3  業務の遂行状況をオンライン、メール、電話等により、所属
   長に対して適宜適切に報告すること。報告は、正しく行うこと。
4  業務の遂行において判断に迷うときは、所属長に対して意見
   を求めること。
5  勤務時間中は、業務に専念し、個人的な用事はしないこと。
   また、長時間席を離れるときは、事前に所属長に連絡すること。
6  原則として、深夜および休日には業務をしないこと。やむを
   得ず業務をするときは、事前に所属長に届け出ること。
7  長時間労働にならないように十分注意すること。テレワーク
   にも就業規則が適用されることに留意すること。
8  起床から就寝に至るまで、生活全般が不規則・不安定になら
   ないように十分留意すること。規則正しく勤務すること。
9  運動不足に陥らないように適宜運動すること。毎日少しでも
   身体を動かすように努めること。
10 上司・同僚とのコミュニケーションに努めること。
                                            以上
```

⑶　心得遵守のセルフチェック

　「テレワーク社員の心得」は、策定することに意味があるのではなく、社員によって守られることに、その意味があります。

　心得を守ってテレワークを行っているかを、1か月に1回程度、社員自身にチェックさせるのがよいでしょう。

＜テレワーク心得遵守のセルフチェックシート＞

テレワーク心得遵守のセルフチェックシート
〜「心得」を守っているかをチェックして下さい〜

（評語）良く守っている➡A　　　守っている➡B
　　　　あまり守っていない➡C　　守っていない➡D

チェック項目	セルフチェック
1　あらかじめ合理的・現実的な計画を立てて、業務を遂行すること。業務計画は、業務の内容およびこれまでの実績を十分に踏まえて作成すること	A・B・C・D
2　勤務時間を有効に活用して、業務を効率的に遂行すること。勤務時間に無駄が生じないように努めること	A・B・C・D
3　業務の遂行状況をオンライン、メール、電話等により、所属長に対して適宜適切に報告すること。報告は、正しく行うこと	A・B・C・D
4　業務の遂行において判断に迷うときは、所属長に対して意見を求めること	A・B・C・D
5　勤務時間中は、業務に専念し、個人的な用事をしないこと。また、長時間席を離れるときは、事前に所属長に連絡すること	A・B・C・D
6　原則として、深夜および休日には業務をしないこと。やむを得ず業務をするときは、事前に所属長に届け出ること	A・B・C・D
7　長時間労働にならないように十分注意すること。テレワークにも就業規則が適用されることに留意すること	A・B・C・D

8　起床から就寝に至るまで、生活全般が不規則・不安定にならないように十分留意すること。規則正しく勤務すること	A・B・C・D
9　運動不足に陥らないように適宜運動すること。毎日少しでも身体を動かすように努めること	A・B・C・D
10　上司・同僚とのコミュニケーションに努めること	A・B・C・D

以上

3　テレワーク部門役職者の心得

(1)　テレワークと役職者の役割

①　役職者の使命

　役職者（部長・課長・係長）の使命は、部下を指揮命令して所管部門の業務目標を達成することです。

　通常の勤務の場合は、部下が同じフロアにいるので、部下の管理（業務の指示、進捗状況のチェック、成果の評価、能力開発の支援等）が比較的に容易です。しかし、テレワークの場合は、部下が離れた場所において業務をしているため、部下の管理は容易ではありません。

②　部下の業務管理

　管理が適切でないと、テレワーク社員が「中抜け」（勤務時間中に買い物や銀行に行ったりして仕事をしないこと）を繰り返し、業務に支障が生じます。

　テレワークを成功させるためには、役職者が一定の心構えをもって部下の管理に当たる必要があります。このため、役職者の心得を定め、その周知を図るのがよいでしょう。

　例えば、

　・部下の能力、経験および実績を踏まえて、業務の内容と量を決めること。

・業務の内容、業務の量および遂行期限を部下に明確に伝えること。

・特定の部下に仕事が集中しないようにすること。

などを「心得事項」とします。

⑵　役職者への通知

　役職者の心得は、業務の内容と会社の規模を踏まえて決めます。決めたときは、その内容を役職者に周知します。

＜テレワーク実施部門の役職者への通知＞

○○年○○月○○日

テレワーク実施部門の役職者各位

取締役社長

テレワークの部下の管理監督の心得について（お知らせ）

　テレワークを成功させるため、部下の管理監督について次の事項に留意するようお願いします。

1　部下一人ひとりについて、本人の業務遂行能力、業務経験および過去の実績を踏まえて、担当業務の内容と量を決めること。特定の部下の業務の量が過大または過小とならないようにすること。

2　業務の内容、量および遂行期限を部下に明確に伝えること。あいまいな形では伝えないこと。

3　部下に対して定期的に業務の進捗状況を報告させ、仕事の進捗状況を的確に把握すること。進捗が予定より遅れているときは、その原因を究明し、適切な措置を講じること。

4　深夜および休日には、特別の事情がない限り、部下に対して、メール等で仕事の指示を出さないこと。部下のプライバシーを尊重すること。

5　部下から仕事上の問題や困りごとの相談を受けたときは、親切に対応すること。部下を突き放さないこと。

6　担当する仕事の変更、仕事上の裁量性の範囲の拡大、仕事の量の増加などにより、部下の能力開発、スキルアップに努めること。
7　所管部門の業務目標の達成状況を上位の役職者に対して、適宜適切に報告すること。
8　部下の仕事の成果（仕事の質、量）を公正に評価すること。個人的な感情を交えることなく、評価すること。
9　職場の一体感・連帯意識が低下することのないよう、部下とのコミュニケーションを密に行うこと。
10　折に触れて「規則正しく勤務すること」「自分にあった運動で健康の維持に努めること」を部下に伝えること。

以上

4　IT端末の貸出制度

(1)　IT端末の貸出

　テレワークで行う業務はさまざまですが、いずれの業務もパソコン等の機器がなければ遂行することができません。

　現在、社員の大半は、個人でパソコン、スマートフォン等を所持し、日常的に使用しています。なかには、複数のパソコン、スマートフォンを所持している者もいます。しかし、パソコン、スマートフォンのいずれかのみしか所持していない者もいます。

　また、なかには、「個人のパソコン、スマートフォンを、業務では使用したくない」と考えている社員もいるでしょう。確かに、業務は本来的に会社所有の機器を使用して遂行すべきです。会社として社員に対して「個人の機器を業務で使用するように」と指示命令することは認められないでしょう。

　そのような社員がいる場合は、会社所有の情報通信機器をテレワーク社員に貸し出さざるを得ません。そうしなければ、テレワークは成

立しません。

(2)　貸し出す機器の種類

　社員に貸し出す機器について一般的には、
　・パソコンおよび周辺機器
　・スマートフォン
　・携帯電話
　・モバイルWi－Fi
などでしょう。
　なお、最近ではウェブ会議の普及に対応し、ウェブカメラ、マイク
を貸し出している会社が増加しています。

(3)　貸出基準の作成

　テレワーク社員に対する情報通信機器の貸出制度を実施するとき
は、その取扱基準を作成することが望ましいでしょう。

IT端末の貸出基準

　1　貸出の対象者
　　テレワークをする者のうち、機器の貸出を希望する者。
　2　貸出の機器
　　パソコンおよび周辺機器／スマートフォン／携帯電話／モバイ
ルWi－Fi
　3　貸出期間
　　テレワークの開始日から終了日まで
　4　貸出料
　　無償とする。
　5　使用料の負担
　　会社で全額負担する。

6　貸出を受ける社員の心得

　(1)　機器を丁寧に取り扱うこと

　(2)　第三者に使用させないこと

　(3)　機器に記録されている情報の漏洩に注意すること

　(4)　機器の盗難、損傷に注意すること

　(5)　業務に関係のない目的で使用しないこと

7　損害賠償責任

　社員の不注意で盗難、損傷したときは、それによる損害（機器の実費）を賠償しなければならない。

8　貸出簿の整備

　会社（人事部）は、貸し出した社員の氏名、機器の名称、社内登録番号等を記録しておく。

以上

様式例　機器の貸出簿

機器貸出簿					
所属・氏名	機器の名称	社内管理番号	貸出日	返却日	備考

以上

5　テレワーク社員の人事考課制度

⑴　人事考課の趣旨

　日常の勤務態度（規律性、協調性、責任性、その他）は、社員によって違います。仕事の知識・技術・技能のレベルも人によって差が見られます。また、仕事の成績（仕事の迅速さ、仕事の正確さ）も、社員によって異なります。

　会社は、社員一人ひとりについて、勤務態度、職務遂行能力および勤務成績を公正に評価し、その結果を昇給、賞与および昇進・昇格等に活用することが望ましいでしょう。

⑵　人事考課の内容

①　人事考課の項目

　テレワーク社員を対象として人事考課を行うときは、テレワークの勤務スタイルに十分配慮すべきです。通常勤務に使用している人事考課表をテレワーク社員にも適用することは適切とはいえません。

　テレワーク社員は、一般に自宅において単独で、自己の裁量で時間配分や遂行方法を決定し、会社から指示された業務（専門的な知識と経験を必要とする業務）を主としてパソコンを駆使して遂行し、指示された期日までに確実に遂行する責任を負っています。その責任を果たさないと、所属する部門の業務目標の達成が困難となります。

　このようなテレワーク社員の業務内容、遂行方法の性格（自律性・主体性）、責任を勘案すると、図表に示すような項目を考課の対象とするのが適切でしょう。

図表　テレワーク社員の人事考課の項目

勤務態度に関する事項	自律性・主体性、積極性、責任性、報告・連絡・相談
業務遂行能力に関する事項	業務知識（専門分野の知識）、行動力、問題解決力、気力・体力
勤務成績に関する事項	仕事の質（正確さ）、仕事の量（迅速さ）

② 　考課のウエイト

　人事考課においては、考課分野ごとに一定のウエイトを設けるのが合理的です。昇給のための人事考課と賞与のための人事考課について、考課分野のウエイトを示すと、図表のとおりになります。

図表　考課分野のウエイト

	勤務態度	業務遂行能力	勤務成績	計
昇給のための人事考課	30％程度	40％程度	30％程度	100％
賞与のための人事考課	50％程度	―	50％程度	100％

（注）昇進・昇格用の人事考課は、昇給と同じでよい。

(3)　人事考課表のモデル

　昇給のための人事考課表と賞与のための人事考課表を示すと、次のとおりです。なお、昇進・昇格用の人事考課表は、昇給の人事考課表と同じでよいでしょう。

＜テレワーク社員の人事考課表（昇給用）＞

人事考課表（テレワーク社員・昇給用）

被考課者	○○部○○課　（氏名）○○○○
考課対象期間	○○年○○月○○日～○○年○○月○○日

～考課対象期間中の勤務態度、能力および勤務成績を次の5段階で公正に評価して下さい～

（評価区分）

S＝きわめて優れていた

A＝優れていた

B＝普通

C＝やや劣っていた

D＝劣っていた

評価項目	着　眼　点	評　価
1　勤務態度		
自律性	・テレワーク業務の内容と量に応じて、合理的・現実的な時間配分と遂行方法を決めることができるか ・合理的・現実的な業務計画を立て、それを確実に実施することができるか ・テレワークを自分の判断と裁量で、主体的に進めることができたか	S　A　B　C　D ├─┼─┼─┼─┤ 10　8　6　4　2
積極性	・指示されたテレワーク業務に前向きの姿勢で取り組んだか ・業務の進め方の改善、能力の向上に努めたか ・テレワークで遂行する業務の内容と量について、不平不満をいうことはなかったか	S　A　B　C　D ├─┼─┼─┼─┤ 5　4　3　2　1

責任感	・テレワーク業務を責任をもって最後まできちんとやり終えたか ・業務に対する責任感・使命感があったか	S A B C D ├─┼─┼─┼─┤ 10 8 6 4 2
報告・連絡・相談	・テレワーク業務の進捗状況を会社に適切に報告したか ・業務の進め方について判断に迷うときは、会社に相談したか ・業務を独断と思い込みで進めることはなかったか	S A B C D ├─┼─┼─┼─┤ 5 4 3 2 1

2　業務遂行能力

業務知識	・業務の遂行に必要な専門的知識・実務的知識を習得しているか ・関連する業務について、一定の知識を習得しているか	S A B C D ├─┼─┼─┼─┤ 10 8 6 4 2
行動力	・指示された業務に直ちに取り組んでいるか。実行に手間取ることはなかったか ・業務目標を達成するために、するべきこと、できることは、すべて実行しているか	S A B C D ├─┼─┼─┼─┤ 10 8 6 4 2
問題解決力	・テレワーク業務において問題やトラブルが生じたときに、適切な解決策を考え、実行できるか ・問題やトラブルの解決に向けて、迅速かつ適切に行動したか	S A B C D ├─┼─┼─┼─┤ 10 8 6 4 2
気力・体力	・気力、体力は十分か ・仕事への強い意欲があるか ・テレワークについて、弱音を吐くことはなかったか	S A B C D ├─┼─┼─┼─┤ 10 8 6 4 2

3　勤務成績

業務の量	・能力や経験年数にふさわしい量の仕事をしたか ・指示された業務目標を確実に達成したか	S A B C D ├─┼─┼─┼─┤ 15 12 9 6 3

仕事の質	・与えられた業務を正確に処理したか ・業務の質は、会社の期待に応えるものであったか ・仕事において、ミスや不手際を起こすことはなかったか	S　A　B　C　D ├─┼─┼─┼─┤ 15　12　9　6　3
	合計点（100点満点）	点

一次考課者氏名	
一次考課者所見	

二次考課者氏名	
二次考課者所見	□一次考課は適切である □一次考課はおおむね適切である □次のように評価するのが妥当である （勤務態度○○点、能力○○点、勤務成績○○点、合計○○点）

以上

＜テレワーク社員の人事考課表（賞与用）＞

人事考課表（テレワーク社員）
（○○年度夏季・年末賞与）

被考課者	○○部○○課　（氏名）○○○○
考課対象期間	○○年○○月○○日～○○年○○月○○日

～考課対象期間中の勤務態度および勤務成績を次の５段階で公正に評価して下さい～

（評価区分）

S＝きわめて優れていた

A＝優れていた

B＝普通

C＝やや劣っていた

D＝劣っていた

評価項目	着 眼 点	評 価
1　勤務態度		
自律性	・テレワーク業務の内容と量に応じて、合理的・現実的な時間配分と遂行方法を決めることができるか ・合理的・現実的な業務計画を立て、それを確実に実施することができるか ・テレワークを自分の判断と裁量で、主体的に進めることができたか	S　A　B　C　D 20　16　12　8　4
積極性	・指示されたテレワーク業務に前向きの姿勢で取り組んだか ・業務の進め方の改善、能力の向上に努めたか ・テレワークで遂行する業務の内容と量について、不平不満をいうことはなかったか	S　A　B　C　D 10　8　6　4　2
責任感	・テレワーク業務を責任をもって最後まできちんとやり終えたか ・業務に対する責任感・使命感があったか	S　A　B　C　D 10　8　6　4　2
報告・連絡・相談	・テレワーク業務の進捗状況を会社に適切に報告したか ・業務の進め方について判断に迷うときは、会社に相談したか ・業務を独断と思い込みで進めることはなかったか	S　A　B　C　D 10　8　6　4　2
2　勤務成績		
業務の量	・能力や経験年数にふさわしい量の仕事をしたか	S　A　B　C　D 25　20　15　10　5

	・指示された業務目標を確実に達成したか	
仕事の質	・与えられた業務を正確に処理したか ・業務の質は、会社の期待に応えるものであったか ・仕事において、ミスや不手際を起こすことはなかったか	S A B C D ┣━┿━┿━┿━┫ 25 20 15 10 5
	合計点（100点満点）	点

一次考課者氏名	
一次考課者所見	

二次考課者氏名	
二次考課者所見	□一次考課は適切である □一次考課はおおむね適切である □次のように評価するのが妥当である （勤務態度○○点、勤務成績○○点、合計○○点）

以上

6　テレワーク社員の給与制度

⑴　テレワークの業務内容

①　テレワークの業務内容

　一般にテレワークは、

　・専門的な知識を必要とする業務

　・企画に係る業務（経営企画、業務企画、商品企画）

を、自宅等でパソコンを使用して、自律的・主体的に行うというものです。単純な業務や定型的・補助的な業務を行うというものではありません。

専門的業務も、企画業務も「何時間働いたか」ではなく、「どのような成果を上げたか」が問われるものです。いくら長時間働いたとしても、成果が乏しくては評価に値しません。逆に、労働時間が短くても、その内容が創造的・革新的であれば、高い評価を受けます。

② 成果主義給与制度への移行

　給与の社会的な水準が高くなっている現在、社員の給与をどのような基準で決めるかは、経営にとってきわめて重要なことです。また、給与は、「労働の対価」として支払われるものです。

　専門知識を必要とする業務および企画にかかる業務をテレワークの対象としている会社は、テレワーク社員の給与制度を「成果主義給与制度」（各人の仕事の成果を評価して給与を決定する制度）に移行させるのが合理的でしょう。

図表　成果主義給与制度の効果

・給与制度の合理化、適正化を図れる
・テレワーク社員の活性化が期待できる
・テレワークの長時間化に歯止めをかけることができる

(2)　給与制度の内容

① 基本給の決定基準

　周知のように、毎月決まって支払われる給与を「所定内給与」といいます。所定内給与は、基本給と諸手当とから構成されます。所定内給与に占める基本給の割合は、一般に60〜80％程度であるといわれます。

　基本給が給与の中心を形成するわけですが、この基本給を「年齢、勤続年数、勤務態度、職務遂行能力および勤務成績などを総合的に評価して決定している」という会社が多いと思います。このような方法を採用していると、給与の決め方が年功的になります。

　専門職および企画職を対象にしてテレワークをしているときは、そのような年功的な方法を改めて、

　・どのような業務を担当しているか

　・前年度の業務上の成果はどうであったか

を公正に評価して給与を決定するのが、合理的です。

② 　業務手当の支給

　専門業務は、高度の専門知識を必要とし、企画業務は総合的な判断力・分析力および企画力を必要とします。このような業務の性格に配慮して、専門職には専門業務手当を、企画職に対しては企画業務手当を支給しましょう。

　業務手当の決め方には、

　・定額制とする

　・基本給の一定割合とする

　・一定時間の時間外勤務手当相当額とする

などがあります。

　いずれの場合も、本人の「一定時間」の時間外勤務手当（例えば、25時間分）を下回らない額とします。

　「一定の時間外労働の時間」は労使協定または労働委員会で議決された時間を下回らないようにすることが必要です。

(注) 労働基準法第38条の3により、専門業務については労使協定によりみ
　　なし労働時間制を適用することが認められています。また、同法第38条
　　の4により、企画業務については労働委員会の議決により、みなし労働
　　時間制を適用することが認められています。

図表　業務手当（専門手当・企画手当）の決め方

決め方	例
定額制	（例１） 月額○万円 （例２） 上級専門職➡○万円 専門職➡○万円
基本給比例方式	基本給×○％
時間外勤務手当準拠方式	本人の時間外勤務手当○時間分に相当する額

③　テレワーク手当

　テレワークという勤務形態に配慮して、一定の手当を支給します。

④　生活補助手当の不支給

　社員の生活の安定を目的として、家族手当、住宅手当などの手当を支給している会社が多いですが、業務に関係のない手当は、いっさい支給しないものとします。

⑤　時間外勤務手当の不支給

　一定の時間外勤務手当を含んだ形で業務手当を支給するため、時間外勤務手当は特に支給しません。

⑥　休日・深夜勤務手当

　業務の都合で休日に勤務したときは、労働基準法の定めに従い休日勤務手当を支給し、深夜に勤務したときは、深夜勤務手当を支給します。

図表　テレワーク社員の給与制度

項　　目	説　　明
基本給	次の事項を評価して決定する。 ・業務の内容 ・業務上の成績（前年度）
業務手当	専門職➡専門業務手当 企画職➡企画業務手当 （注）いずれも一定時間の時間外勤務手当 　　　の額を下回らない額とする。
生活補助手当	家族手当、住宅手当その他、業務に関係の ない手当は支給しない。
通勤手当	支給しない。
時間外勤務手当	支給しない。
休日勤務手当	支給する。
深夜勤務手当	支給する。
欠勤・遅刻・早退控除	給与のカットは行わない。
賞与（一時金）	業績を基準とし、各人の業務上の成績を評 価して決定する。

⑶　**給与規程**

　テレワーク社員について「成果主義の給与制度」を適用するとき
は、その内容を給与規程として取りまとめ、社員に周知することが必
要です。

（総則）

第1条　この規程は、テレワークをする社員の給与について定める。

2　テレワーク社員の給与についてこの規程に定めのない事項は、次のものに従う。

(1)　社員給与規程

(2)　労働基準法その他の法令

（給与の構成）

第2条　給与は、基本給と諸手当とから構成する。

（給与の形態）

第3条　給与は、月額で定める月給制とする。

（基本給の決定基準）

第4条　基本給は、次の事項を評価して決定する。

(1)　職務の内容

(2)　前年度の職務の成果

（基本給の改訂）

第5条　基本給は、毎年4月に改訂する。

（専門業務手当）

第6条　専門的知識を必要とする専門業務に携わる者に対しては、専門業務手当を支給する。

専門業務手当は、本人の時間外勤務手当○○時間分に相当する額とする。

（企画業務手当）

第7条　経営企画、商品企画または業務企画等の企画業務に携わる者に対しては、企画業務手当を支給する。

企画業務手当は、本人の時間外勤務手当○○時間分に相当する

額とする。

（テレワーク手当）

第8条　テレワーク手当は、次のとおりとする。

　テレワーク手当　○○円

（通勤手当）

第9条　通勤手当は支給しない。

2　業務報告、会議等の目的で出社したときは、交通費の実費を支給する。

（時間外勤務手当）

第10条　時間外勤務手当は支給しない。

（休日勤務手当）

第11条　休日に勤務したときは、休日勤務手当を支給する。ただし、事前に届け出のないものについては支給しない。

（深夜勤務手当）

第12条　深夜に勤務したときは、深夜勤務手当を支給する。ただし、事前に届け出のないものについては支給しない。

（欠勤等の不就業控除）

第13条　欠勤、遅刻または早退による不就業については、給与の控除を行わない。

（テレワークの中途開始・中途離脱の取扱い）

第14条　給与の計算期間の途中でテレワークを開始したとき、またはテレワークから離脱したときは、所定内給与を日割り計算により支払う。

（賞与）

第15条　夏季と年末に賞与を支給する。ただし、業績が不振であるときは支給しない。

（賞与の支給対象者）

第16条　賞与は、賞与計算期間の出勤率が8割以上で、かつ、支
　　　給日に在籍している者に支給する。
（賞与の支給額）
第17条　賞与の支給額は、賞与計算期間における業績を基準と
　　　し、各人の職務上の成績を評価して決定する。
（付則）
この規程は、○○年○○月○○日から施行する。

7　テレワーク社員の副業制度

⑴　テレワークと副業・兼業

①　通勤時間ゼロと自由時間の増加

　テレワークになると、通勤時間がゼロとなり、自由な時間が大幅に
増加します。往復の通勤に2時間、3時間、あるいは4時間程度もか
けていた者にとって、通勤時間ゼロは「生活の大変化」です。また、
通勤に伴う身体的・精神的な負担が解消されることの影響もきわめて
大きいです。

　さらに、上司や同僚との日常的な接触がなくなることの影響も、無
視できません。

　このような点から、テレワークになると、オフィス勤務に比較して
副業・兼業・サイドワークがしやすくなります。

②　収入増への欲望

　誰にも「今よりも収入を増やしたい」「収入が増えるとありがた
い」という気持ちがあります。収入増に対する欲望がまったくないと
いう者は、きわめて少ないでしょう。

　「経済的に苦しい」「小遣いを増やしたい」あるいは「自由な時間を
どう過ごしたらいいかわからない」と考えているテレワーク社員が、

副業・兼業に関心を示すのは、当然のことだと思います。

　最近は、テレワークが増加しているのに対応し、テレワーク社員を対象とした企業の求人広告が増えているようです。

⑵　副業のメリットと問題点

　会社の立場から見ると、社員の副業・兼業には、メリットもあれば問題点（デメリット）もあります。

図表　社員の副業・兼業のメリットと問題点

メリット	問題点
○経験が豊かになる ○社内では得られない知識・技能・スキルを得られる ○人脈が増える	●会社の業務に支障を与え、業務がおろそかになる ●営業機密が漏洩する ●事故、事件に巻き込まれる ●会社の信用と名誉が損なわれ、会社の社会的信用が低下する

⑶　厚生労働省の「ガイドライン」

　厚生労働省は、副業・兼業が労働法令を遵守して適正に行われるようにする目的で、「副業・兼業の促進に関するガイドライン」（平成30年1月策定、令和2年9月改定）を作成しています（以下、「ガイドライン」）。「ガイドライン」は、社員の副業・兼業の取扱いについて、これまでの裁判例を踏まえて次のように述べています。

　「副業・兼業に関する裁判例においては、

・労働者が労働時間以外の時間をどのように利用するかは、基本的には労働者の自由であること

・例外的に、労働者の副業・兼業を禁止又は制限することができるとされた場合としては、

　①　労務提供上の支障がある場合

②　業務上の秘密が漏洩する場合

③　競業により自社の利益が害される場合

④　自社の名誉や信用を損なう行為や信頼関係を破壊する行為がある場合

が認められている。

　このため、就業規則において、

・原則として、労働者は副業・兼業をすることができること

・例外的に、上記①〜④のいずれかに該当する場合には、副業・兼業を禁止又は制限することとしておくこと

等が考えられる」。

(4)　副業規程の作成と周知

　社員の副業は会社にとってもメリットがあるといっても、人事担当者の多くは、副業の拡大に懸念と心配をしていると思います。実際、「テレワークの最大の問題は社員の副業だ」と、心配する人事担当者が少なくありません。

　テレワークを制度として実施するときは、

①　「労務提供上の支障がある場合」などは、副業を禁止することが裁判で認められていること

②　社員には職務専念義務、秘密保持義務、競業避止義務があること

を踏まえて「副業規程」を作成し、その内容を周知させることが望ましいでしょう。副業規程の作成と周知は、テレワーク実施上の重要なリスクマネジメントといえます。

(5)　副業規程の内容
①　会社への届け出

　「ガイドライン」は、副業の社内手続きについて、

「使用者は、副業・兼業に伴う労務管理を適切に行うため、届出制など副業・兼業の有無・内容を確認するための仕組みを設けておくことが望ましい」
と記していて、その確認事項としては、

　　・他の使用者の事業場の事業内容

　　・他の使用者の事業場で労働者が従事する業務内容
などを挙げています。

　この「ガイドライン」に従って、「社員は、勤務時間外に副業をするときは、あらかじめ会社名、その会社の事業内容、従事する業務の内容などを会社に届け出なければならない」と定めます。

　また、副業によって「会社の業務に支障を与えないこと」「会社の信用と名誉を傷つける行為をしないこと」などを誓約させることも必要です。

図表　会社への届出事項

1	副業の開始日
2	副業先の会社名、所在地、事業内容
3	副業の業務内容
4	1週間の勤務日数・1日の勤務時間数
5	その他

図表　誓約事項

1	副業によって業務に支障を与えないこと。業務に支障を及ぼさない範囲で副業をすること
2	会社の利益に反することをしないこと
3	会社の信用と名誉を傷つける行為をしないこと
4	副業に関してトラブルが生じたときは、自らの責任で解決し、会社にいっさいの迷惑を掛けないこと

様式例　副業の届出書

<table>
<tr><td colspan="2" style="text-align:right">○○年○○月○○日</td></tr>
<tr><td>取締役社長○○○○殿</td><td></td></tr>
<tr><td colspan="2" style="text-align:right">○○部○○課○○○○</td></tr>
</table>

副業届

開始日	○○年○○月○○日
会社名・所在地	
会社の事業内容	
副業の業務内容	
1週間の勤務日数・1日の時間数	
備考	

誓約事項

　副業について、次のとおり誓約します。

1　副業によって業務に支障を与えないこと
2　会社の利益に反することをしないこと
3　会社の信用と名誉を傷つける行為をしないこと
4　副業に関してトラブルが生じたときは、自らの責任で解決し、会社にいっさい迷惑をかけないこと

以上

（注）1　副業の開始日前に提出すること。
　　　2　業務内容は、具体的に記載すること。

② **禁止する副業**

　これまでの裁判例を踏まえ、次に掲げるものは、副業としてはならないことを定めます。

・会社に対する労務提供上の支障があるもの（危険な業務、身体的または精神的な負荷がきわめて重い業務、長時間に及ぶ業務等）

・会社の業務上の秘密が漏洩するおそれのあるもの

・競業により会社の利益が害されるもの

・会社の名誉、信用を損なうもの

③　**勤務時間の報告**

　副業の労働時間の取り扱いについて、「ガイドライン」は、次のように記しています。

　「労基法第38条第1項では、『労働時間は、事業場を異にする場合においても、労働時間に関する規定の適用については通算する。』と規定されており、『事業場を異にする場合』とは事業主を異にする場合をも含む（労働基準局長通達（昭和23年5月14日付け基発第769号））とされている」。

　会社は、社員の労働時間を把握する義務を負っています。このため、副業をした社員に対して、副業をした時間数を定期的に報告させます。

様式例　副業時間の報告

				○○年○○月○○日
取締役社長○○○○殿				
				○○部○○課○○○○
副業時間の報告（○○月○○日～○○月○○日）				

日	曜日	業務内容	時間数	備考
	月			
	火			
	水			
	木			
	金			
	土			
	日			
計	＊＊	＊＊		＊＊

以上

④ 税務処理

「社員は、副業による所得の税務処理（申告・納税）を自らの責任において適正に行わなければならない」と定めます。

⑤ 会社の免責事項

副業に関して、トラブルが生じるケースが少なくありません。例えば、「約束された給与が支払われない」「契約した時間以上に働くことを強要された」などです。会社には、副業に伴うトラブルを解決すべき責任は負わされていません。

このため、次のものについて、会社はいっさい責任を負わないことを定めるのが賢明です。

図表 会社の免責事項

・副業に伴う事件、事故（副業先での傷害など）
・社員と副業先の使用者、顧客等とのトラブル（給与の支払いをめぐるトラブルなど）
・社員が副業で負った損害

⑥ 懲戒処分

社員の副業は、会社にとって重要な問題です。副業規程をを定めても、それが守られなければ意味はありません。それどころか、会社の業務に支障が生じる可能性が高くなります。

このため、「会社は、社員が副業規程に違反したときは、その情状により、訓戒、減給、業務停止または解雇のいずれかの懲戒処分に付する」と定めます。

⑹ 副業規程の作成

副業規程を作成し、その周知を図ります。

─── **副業規程** ───

（総則）

第1条　この規程は、社員の副業について定める。

（会社への届出）

第2条　社員は、勤務時間外に副業をするときは、あらかじめ次の事項を会社に届け出なければならない。

(1)　業務の内容

(2)　副業先の会社名、所在地、事業内容

(3)　勤務日、1日の勤務時間

(4)　その他必要事項

（禁止業務）

第3条　前条の定めにかかわらず、次に掲げるものは、副業としてはならない。

(1)　会社に対する労務提供上の支障があるもの（危険な業務、身体的または精神的な負荷がきわめて重い業務、長時間に及ぶ業務等）

(2)　会社の業務上の秘密が漏洩するおそれのあるもの

(3)　競業により会社の利益が害されるもの

(4)　会社の名誉、信用を損なうもの

（安全・健康への配慮）

第4条　社員は、副業において、安全および健康に十分配慮しなければならない。

（勤務時間の報告）

第5条　社員は、副業をしたときは、毎週定期的にその時間数等を報告しなければならない。

（税務処理）

第6条　社員は、副業による所得の税務処理（申告・納税）を自

らの責任において適正に行わなければならない。

（副業中止の届出）

第7条　社員は、副業を中止したときは、その旨を会社に報告しなければならない。

（会社の免責事項）

第8条　会社は、次のものについて、いっさい責任を負わない。

　(1)　副業に伴う事件、事故

　(2)　社員と副業先の使用者、顧客等とのトラブル

　(3)　社員が副業で負った損害

（懲戒処分）

第9条　社員がこの規程に違反したときは、その情状により、訓戒、減給、業務停止または解雇のいずれかの懲戒処分に付する。

（付則）

この規程は、○○年○○月○○日から施行する。

8　テレワーク社員の社内副業制度

⑴　制度の趣旨

　部門（部・課）は、社内規則（業務分掌）で定められた業務を遂行する責任を負っていますが、業務量の増加、業務範囲の拡大などにより、人手が不足することがあります。このような場合、一般的には、時間外勤務（残業）で対応しますが、時間外勤務だけでは対応できないことがあります。

　一方、テレワーク社員は、通勤時間がゼロとなり、時間的に余裕が生じます。往復2時間を要していた者は、2時間の余裕が生じますので、その時間を本来の業務以外のものに使うことが可能となります。

　テレワーク社員が、余裕の時間を使って、人手を追加的に必要とす

る部門の業務を副業的に行うことを「テレワーク社内副業制度」といいます。

　例えば、マーケティング部門の仕事が新商品の発売で一時的に急増した場合に、テレワークで経営企画の仕事を行っている社員が、余裕の時間を利用して、マーケティング部門の仕事をします。そして、マーケティング部門の仕事をした時間について、時間外勤務手当（残業代）を受け取ります。

　社内残業制度は、「社内の人材を有効に活用できる」などのメリットがあります。

図表　社内副業制度の効果

> ・社内の人材を有効に活用できる
> ・社内の人材の活用により、部門の業績を向上できる
> ・部門間の人事の交流を促進できる
> ・テレワーク社員の活性化を図れる
> ・テレワーク社員の能力開発、視野の拡大を図れる

(2)　制度の内容

①　社内人材の募集部門

　社内人材の募集については、

　　・人手を必要とする部門が行う

　　・人事部が行う

の2つがあります。

　部門が副業希望者を募集すると、会社全体の人事管理が混乱する危険性があります。したがって、人事部門が統一的に募集を行うのがよいでしょう。すなわち、次のような順序で行います。

○各部門で社内副業制度の利用の可否を判断する➡利用するときは、人事部への募集依頼➡人事部で募集する➡副業者を決定したときは、募集部門に通知する➡部門が副業者に対して業務の指示を行う

② 募集内容の通知

　人事部は、社内情報システムなどにより、募集する業務の内容、募集人員などをテレワーク社員に公開し、募集を行います。

様式例　社内副業の募集通知

<table>
<tr><td colspan="2" style="text-align:right">○○年○○月○○日</td></tr>
<tr><td colspan="2">テレワーク社員の皆さんへ</td></tr>
<tr><td colspan="2" style="text-align:right">人事部長</td></tr>
<tr><td colspan="2" style="text-align:center">社内副業の募集について（お知らせ）</td></tr>
<tr><td>募集部門</td><td>○○部○○課</td></tr>
<tr><td>業務の内容</td><td></td></tr>
<tr><td>募集人員</td><td>○人</td></tr>
<tr><td>業務遂行期間</td><td>○○月○○日～○○月○○日</td></tr>
<tr><td>その他</td><td></td></tr>
</table>

（募集期間）希望者は、○○月○○日（○）までにメールで人事部に申し出ること。募集人員に達し次第、募集を打ち切ります。

以上

③ 副業時間の取扱い

　テレワーク社員が他の部門の業務をする時間については、一定の上限を設けるのが適切でしょう。

④ 時間外勤務手当の支払い

　他の部門の仕事をした時間は「時間外勤務」として取り扱い、時間外勤務手当を支払います。

(3)　制度の実施要領

　テレワーク社員を対象とした社内副業制度を実施するときは、その

取扱基準を取りまとめ、その内容を各部門とテレワーク社員に周知することが望ましいでしょう。

テレワーク社員の社内副業実施要領

1　目的
　(1)　テレワーク社員の職務遂行能力と意欲を有効に活用することにより、部門の業務の円滑な遂行を図ること。
　(2)　部門間の人事交流を促進することにより、社内の活性化を図ること。
2　適用対象
　すべての部門とすべてのテレワーク社員に適用する。
3　人事部への人員増の申し出
　部門の業務の円滑な遂行のために人員の増加を必要とする部門は、次の事項を人事部長に申し出るものとする。
　(1)　業務の内容
　(2)　追加人員
　(3)　追加人員を必要とする期間
　(4)　その他
4　副業希望者の募集
　人事部長は、部門から人員増の申し出があったときは、テレワークをしている社員のなかから、社内副業として募集業務をする希望者を募集する。
5　社内副業の申し出
　(1)　テレワークをしている社員は、誰でも社内副業の募集に応募することができる。
　(2)　人事部長は、応募者が募集人員に達したときは、募集を中止する。
6　募集部門への通知

人事部長は、社内副業をする者が決定したときは、その氏名を募集部門に通知する。

7　社内副業の条件

　(1)　社内副業は、テレワークで行う。

　(2)　社内副業ができる時間は、業務の内容にかかわりなく1か月○時間を上限とする。

　(3)　社内副業の時間は時間外勤務として取り扱い、時間外勤務手当を支給する。

8　副業希望者が募集人員に達しなかったとき

　人事部長は、社内副業の希望者が募集人員に達しなかったときは、次の措置を講じるものとする。

　(1)　契約社員の募集

　(2)　派遣社員の活用

　(3)　その他

以上

9　テレワーク社員の健康と体力づくり制度

(1)　健康と体力づくり

　テレワークになると、通勤の必要性がなくなります。通勤は、自宅から乗車駅への往復、駅の階段の上り下り、下車駅から会社までの往復などで、相当の身体的負荷を要します。その通勤がゼロになることの影響は大きいと言えます。

　また、家で仕事をしていると、どうしても運動不足となります。朝起きてから夜寝るまで家から一歩も出ない日さえあります。きわめて当然のことですが、運動不足は、健康に良くありません。

　テレワーク社員に対して、オンラインやメールで「身体を動かすよ

うに」「定期的に運動をするように」と呼びかけるだけでは、実行されません。実行されなければ、健康の維持・増進は期待できません。

　テレワーク社員の健康の増進、体力づくりは、組織的・計画的に取り組むことが必要です。「健康・体力づくり運動」は、そのような取組みの1つです。

図表　健康・体力づくり運動の概要

①　日常的にできるスポーツを選んで、種目ごとに一定の運動量当たりのポイントを決める ②　年齢の区分ごとに、1か月当たりの目標ポイント数を設定する ③　社員一人ひとりが目標ポイントの達成に向けてスポーツに取り組む ④　日々の運動・スポーツの実績を記録に留める ⑤　運動・スポーツの記録を一定期間ごとに会社に提出する

⑵　制度の内容

①　対象種目

　制度の対象とする種目を明記します。種目は、日常的にできるもの、費用があまりかからないものが望ましいです。例えば、次のものがあります。

　散歩／普通の歩行／ランニング／なわとび／ラジオ体操／キャッチボール／水泳／テニス

②　基準ポイント

　「どれくらいのエネルギーを消費するか」「体力をどれほど使うか」という観点から、種目ごとの基準ポイントを定めます。

　例えば、

・散歩➡60分につき1ポイント

・普通の歩行➡30分につき1ポイント

・ランニング➡1kmにつき1ポイント

などとします。

③　目標ポイント数

　1か月の目標ポイント数を定めます。ポイント数は、年齢の区分に応じて設定するのが現実的でしょう。

　例えば、

・20歳代➡45ポイント

・30歳代➡40ポイント

などと決めます。

④　獲得ポイント数の報告

　社員は、スポーツをするたびにポイントを記録し、1か月が経過したら会社に報告するものとします。

様式例　獲得ポイント報告書

健康・体力づくり運動事務局宛て

　　　　　　　　　　　　　　　　○○部○○課　　○○○○

　　　　健康・体力づくりポイント報告（○○年○○月）

日	曜日	ポイント	日	曜日	ポイント	日	曜日	ポイント
1			11			21		
2			12			22		
3			13			23		
4			14			24		
5			15			25		
6			16			26		
7			17			27		
8			18			28		
9			19			29		
10			20			30		
						31		
小計			小計			計		

　　　　　　　　　　　　　　　　　　　　　　　　　　　以上

（注）翌月の5日までに職場の健康・体力づくり運動推進員に提出すること。

⑤　好成績者の公表

　目標ポイントの達成において好成績を収めた者の氏名を公表し、この運動に対するテレワーク社員の関心を高めます。

様式例　好成績者の発表

好成績者の一覧（○○年○○月）			
所属	氏名	獲得ポイント	備考

以上

⑶　規程の作成

　健康・体力づくり運動の規程例を示すと、次のとおりです

━━━━━━　健康・体力づくり運動規程　━━━━━━

（総則）

第1条　この規程は、健康・体力づくり運動について定める。

2　「健康・体力づくり運動」とは、スポーツの種目ごとに基準ポイントを設定するとともに、年齢の区分に応じて1か月の達成目標ポイントを定め、社員各人がその達成に向けてチャレンジすることにより、健康と体力の維持・増進を図る運動をいう。

（対象種目）

第2条　対象とする種目は、次のとおりとする。

　　散歩／普通の歩行／ランニング／なわとび／ラジオ体操／

キャッチボール／水泳／テニス

（基準ポイント）

第3条　種目ごとの基準ポイントは、別表1のとおりとする。

（目標ポイント数）

第4条　1か月の目標ポイント数は、別表2のとおりとする。

2　社員は、目標ポイント数を達成するように努めなければならない。

（会社への報告）

第5条　社員は、この規程に定めるスポーツをしたときは、獲得ポイントを記録し、翌月の5日までに会社（人事課）に提出しなければならない。

（好成績の公表）

第6条　会社は、毎月、好成績を収めた者の氏名を公表する。

（付則）

この規程は、○○年○○月○○日から施行する。

（別表1）基準ポイント

散歩	60分につき1ポイント
普通の歩行	30分につき1ポイント
ランニング	1kmまたは15分につき1ポイント
なわとび	10分につき1ポイント
ラジオ体操	10分につき0.5ポイント
キャッチボール	10分につき0.5ポイント
水泳	50mまたは10分につき1ポイント
テニス	10分につき0.5ポイント

（別表2）1人1か月の目標ポイント数

20歳代	45ポイント
30歳代	40
40歳代	35
50歳代	30
60歳代	20

10　テレワーク社員の意識調査制度

(1)　意識調査の趣旨

　人事制度は、すべて社員に適用されるものです。したがって、社員の理解と協力を得ることが必要です。社員の理解と協力の得られない制度は、成功することはありません。

　テレワークは、会社へ行かずに、主として自宅で、パソコンを駆使して業務を遂行するという「新しい働き方」「新しい勤務スタイル」です。このため、既存の制度以上に社員の理解と協力が欠かせません。

　そこで、テレワークを実施したときは、実施後一定期間（例えば、3か月）が経過した時点で、テレワークに対する社員の意識を調査・把握することが望ましいでしょう。そして、社員の意識や要望を踏まえて制度の改善を行います。

(2)　意識調査の項目

　意識調査の項目は、次のとおりとするのが現実的でしょう。

図表　意識調査の項目

- ・勤務時間帯についての評価
- ・勤務時間の算定についての評価
- ・休憩時間についての評価
- ・休日についての考え
- ・深夜、休日勤務の取扱いについての考え
- ・仕事の効率性の変化
- ・仕事の意欲の変化
- ・職場の一体感、同僚との連帯感の変化
- ・その他

(3)　意識調査票の例

　社員に対する意識調査票のサンプルを示すと、次のとおりです。

＜意識調査票＞

○○年○○月○○日

テレワーク社員の皆さんへ

人事部長

テレワークに関するアンケート調査について

　テレワークについて皆さんの意見・評価を把握する目的で、アンケート調査を実施しますので、ご協力をお願いします。各設問の該当する項目に○印を付けてください。

Q1　勤務時間帯（午前9時～午後6時）について、どうお考えですか。
　⑴　ちょうどよい
　⑵　時間帯を早めてほしい
　⑶　時間帯を遅くしてほしい
　⑷　フレックスタイム制にしてほしい
　⑸　その他（　　　　　　　　　）

Q2　休憩時間（正午～1時）については、どうですか。
　⑴　ちょうどよい
　⑵　2、3回に分けてほしい
　⑶　各人の自由に任せてほしい
　⑷　その他（　　　　　　　　）

Q3　休日（土曜・日曜）については、どうですか。
　⑴　現在のままでよい
　⑵　週休2日のうちの1日は各人に任せるべきだ
　⑶　週休2日とも各人に任せるべきだ
　⑷　その他（　　　　　　　　）

Q4　深夜・休日勤務の取扱い（現在は原則禁止）については、どうですか。

⑴　原則禁止でよい
⑵　各人の自由に任せるべきだ
⑶　その他（　　　　　　　）

Q5　勤務時間の算定方式（現在は、みなし労働時間制）については、どうですか。
⑴　みなし労働時間制でよい
⑵　各人の申告制にすべきだ
⑶　その他（　　　　　　　）

Q6　業務報告のための出社制度（週に1回）については、どうですか。
⑴　現在のままでよい
⑵　出社日を増やしてほしい
⑶　出社日を減らすか、廃止してほしい
⑷　各人の自由に任せるべきだ
⑸　その他（　　　　　　　）

Q7　テレワークによって、仕事の効率は向上しましたか。
⑴　向上した
⑵　変わらない
⑶　低下した

Q8　テレワークによって、仕事への意欲は向上しましたか。
⑴　向上した
⑵　変わらない
⑶　低下した

Q9　テレワークによって、職場の同僚との一体感、連帯意識に変化はありましたか。
⑴　強まった
⑵　変わらない
⑶　弱まった

(4)　もともと一体感、連帯感は感じていない

　Q10　テレワークは、自分の性格や生活態度にふさわしい働き方
　　　だと思いますか。
　(1)　とてもふさわしい
　(2)　ふさわしい
　(3)　あまりふさわしくない
　(4)　ふさわしくない

　Q10　テレワークについて、会社への希望があれば書いてくださ
　　　い。

以上です。ご協力ありがとうございました。

11　テレワークの効果検証制度

(1)　効果の検証

①　テレワークは効果的に行われているか

　テレワークの１つの大きな目的は、コロナ感染の防止です。会社の
立場からすると、「感染を防止できればそれでいい」というものでは
ありません。テレワークによって業務の生産性・効率性が大きく低下
し、業績が低迷したら大変なことになります。一般の会社の場合、業
績が低下したからといって、政府による補償が行われるわけではあり
ません。

　テレワークは、職場を離れて自宅等で、自律的・主体的に業務を行
うという特殊な勤務形態です。会社による管理監督には、おのずから
一定の限界があります。社員の勤務態度や仕事への意識が不十分・不

完全ですと、業務に支障が生じる可能性があります。場合によっては、業務の量や質（内容）が低下し、会社全体の業績を悪くします。

② テレワークの検証

テレワークを実施したときは、「テレワークが目的どおり機能しているか」「業務の量や質の面で問題が生じていないか」を定期的、あるいは随時検証することが必要不可欠です。

テレワークの効果の検証（評価・アセスメント）は、会社にとって重要なリスクマネジメント（危機管理）です。社員に対してテレワークの実施を指示・命令するだけで、その効果を検証しないというのは、責任ある経営姿勢とはいえません。

(2) 検証の内容と方法

① 検証の内容

検証は、検証項目（チェック項目）を決めて行います。一般的な検証項目を示すと、図表のとおりです。

図表　検証の内容

1　業務に関すること

①	社員に対する業務の内容、期限の指示は適切に行われているか
②	役職者への業務の進捗状況の報告は適切に行われているか
③	役職者は、部下の業務の進み具合を正確に把握しているか
④	業務に関する役職者と部下とのコミュニケーションは適切に行われているか
⑤	業務の質（正確さ）は低下していないか。社員は、能力や勤続年数にふさわしい仕事をしているか
⑥	仕事の期限は確実に守られているか
⑦	社員が仕事の面において独走することはないか
⑧	テレワークによって、部門の業務に何か支障が生じていないか
⑨	職場の一体感・連帯感は維持されているか
⑩	情報セキュリティの面において、何か問題は生じていないか

2　社員の勤務態度等に関すること

①	社員は、自宅で規則正しく仕事をしているか
②	仕事が休日や深夜に及ぶことがないか。テレワークが長時間に及ぶことがないか
③	社員は、健康管理に気を配ってテレワークをしているか
④	社員は、テレワークについて、不安感・孤独感を持っていないか
⑤	副業・兼業をする者が増加していないか。副業で業務が停滞している者が出ていないか
⑥	社員は、テレワークに満足しているか。仕事の量や期限に不満を感じていないか
⑦	テレワークによって勤労意欲が低下していることはないか
⑧	家庭環境がテレワークにふさわしくない、という苦情を訴える者はいないか

②　検証の体制

　検証の体制としては、

　　・人事部門で行う

　　・役職者または社員から構成される委員会を設置して行う

などが考えられます。

③　検証の方法

　検証の方法としては、

　　・社員、役職者への聞き取り

　　・社員、役職者へのアンケートの実施

などが考えられます。

④　検証の頻度

　効果の検証は、年に1、2度定期的に行うことが望ましいです。

⑤　検証結果の報告と改善

　検証を行ったときは、その結果を人事部長に報告します。人事部長は、報告を受けて改善措置を講じます。

様式例　検証結果の報告

○○年○○月○○日

人事部長殿

テレワーク効果検証委員会

テレワークの効果の検証について（報告）

実施状況の評価	□適正に行われている □改善すべき点がある
改善すべき事項	
改善すべき内容	
検証の方法	□役職者・社員への聞き取り □役職者・社員へのアンケート □その他
備考	

以上

⑶　**実施要領**

　テレワークの効果の検証を制度的に実施するときは、その要領を取りまとめておくことが望ましいです。

テレワークの効果検証の実施要領

　1　検証の目的
　　テレワークが適正に行われ、業務の生産性および社員の勤労意欲が向上しているかを確認し、改善すべき点があるときは改善するために実施する。
　2　検証の内容
　　⑴　業務の内容に関すること
　　⑵　社員の勤務態度と意識に関すること

3　検証の体制

(1)　検証は、関係部門の中堅社員から構成される検証委員会において行う。

(2)　委員は、人事部長が関係部長の意見を聴いて任命する。

(3)　委員会の事務は、人事部で行う。

4　検証の方法

(1)　役職者・社員への聞き取り

(2)　役職者・社員へのアンケート調査

(3)　その他

5　検証の実施頻度

毎年1月、8月に行う。

6　報告書の提出

検証委員会は、検証を終えたときに、人事部長に対して報告書を提出する。

7　改善措置の実施

人事部長は、検証委員会からテレワークの内容または運用の改善を指摘されたときは、改善措置を講じる。

以上

12　育児・介護テレワーク制度

(1)　制度の趣旨

①　育児・介護とテレワーク

テレワークは、2020年2月に新型コロナの感染が拡大してから急速に普及した働き方ですが、コロナの感染以前にも実施していた会社がありました。そのような会社について、テレワークの実施目的を見ると、「育児・介護を支援するため」が比較的多くありました。

　育児・介護と仕事との両立は、大変難しく、両立を可能にする目的で育児・介護の休職制度が法制化されているわけですが、休職すると、給与収入がゼロとなり、生活が苦しくなります。しかし、テレワーク制度があれば、時間の活用が大幅に自由になるので、育児・介護と仕事との両立が可能となります。

② 離職の防止と人材の有効活用

　育児・介護のためのテレワークは、会社にとっても「社員の能力と経験を継続的に活用できる」「優秀な社員の離職を防げる」「人員補充に要するコストと労力を省ける」などのメリットがあります。

　会社は、育児・介護を支援すべき社会的義務を負っていて、育児・介護に当たる社員を対象としたテレワークの実施は、社員の生活支援策であると同時に、人材の有効活用策でもあります。

(2) 制度の内容

① テレワークの期間

　テレワークをすることのできる期間を決めます。

　例えば、育児・介護休業法に定める休業期間に準じて、育児テレワークは「子が1歳に達する日まで」とし、介護テレワークは「要介護者1人につき通算3か月まで」とします。

② 勤務時間の取扱い

　勤務時間については、「育児または介護に当たらなければならない」という事情に配慮して柔軟に取り扱うことが望ましいでしょう。

　例えば、「午前8時から午後8時までの間に8時間勤務する」というように柔軟に取り扱います。

　フレックスタイム制を適用するのも、1つの方法です。

③ 業務報告の方法

　会社は、テレワーク社員が業務をきちんと遂行しているかを正しく把握する必要があります。このため、業務をどのようにして管理する

かを明確にしておきましょう。例えば、週に1回、出社して業務報告することを義務づけるなどです。

④　事前の申し出

　テレワークをするときは、その期間等を事前に申し出るものとします。

様式例　テレワークの申出書
1　育児の場合

	○○年○○月○○日

取締役社長○○○○殿

○○部○○課○○○○

育児テレワーク申出書

子の氏名	
生年月日・続き柄	
テレワークの業務	
テレワークの期間	
備考	

以上

2　介護の場合

○○年○○月○○日

取締役社長○○○○殿

○○部○○課○○○○

介護テレワーク申出書

要介護者の氏名	
生年月日・続き柄	
要介護の状態	
テレワークの業務	
テレワークの期間	
備考	

以上

⑶　**実施要領**

　社員の育児・介護を支援するためのテレワーク制度の実施要領を示すと、次のとおりです。

━━ 育児・介護テレワーク実施要領 ━━

1　適用対象者

　次の2つの条件に該当する者は、会社に申し出ることにより、テレワークをすることができる。ただし、テレワークになじまない業務に従事する者は、除く。

　⑴　育児または家族を介護する者

　⑵　勤続1年以上

2　テレワークの期間

　⑴　育児の場合➡子が1歳に達する日まで

　⑵　介護の場合➡介護を必要とする家族1人につき通算3か月以内

3　テレワー期関の分割

　テレワークの期間は、3回まで分割して取得することができる。ただし、1回の期間は1か月以上とする。

4　勤務時間帯・勤務時間数

　勤務時間帯は、午前8時から午後8時までとし、1日の勤務時間は8時間とする。

5　時間外・休日勤務の許可申請

　次の場合には、事前に会社に申し出て、その許可を得なければならない。

　⑴　8時間を超えて勤務するとき

　⑵　勤務時間帯（午前8時～午後8時）の前後に勤務するとき

　⑶　休日に勤務するとき

6　勤務時間の記録と届出

社員は、勤務時間を日々記録し、これを毎週会社に提出しなければならない。

7　業務報告のための出社

社員は、毎週1回、出社して業務の経過または結果を報告しなければならない。

8　通常勤務への復帰

次の場合には、通常勤務に復帰するものとする。

(1)　テレワークの期間が経過したとき

(2)　育児または介護の必要がなくなったとき

9　IT端末の使用

テレワークにおいてIT端末を使用する場合は、情報セキュリティの確保のため、会社が貸与するものを使用しなければならない。

10　就業規則との関係

育児・介護テレワーク制度についてこの実施要領に定めのない事項は、「社員就業規則」の定めるところによる。

以上

13　テレワーク資金貸付制度

(1)　制度の趣旨

当然のことですが、所定労働時間が8時間の場合、テレワークは、「1日最低8時間」行われるので、快適かつ能率的に行われる必要があります。そのためには、机、照明器具など一定の設備が必要となります。部屋の位置や広さによっては、遮光、間仕切り、空調（暖房・冷房・換気）などの対策が必要なこともあります。

「パソコンと携帯電話さえあれば、それで十分」というほど、単純

なものではありません。

　社員の中には、快適かつ能率的なテレワークに必要な設備・環境が不足している者もいるでしょう。すべての社員がテレワークを快適かつ能率的に行える状況にあるわけではありません。

　会社の業務命令でテレワークを実施するときは、希望する社員に対して一定の資金（例えば、5～10万円程度）を貸し付ける制度を設けることが望ましいでしょう。

＜参考＞　テレワークの作業環境

　厚生労働省は、テレワークについて、「情報機器作業における労働衛生管理のためのガイドライン」（令和元年7月12日、基発0712第3号）などを踏まえて、留意点を示しています。例えば、次のような基準が定められています。
・パソコンは、ディスプレイが照度500ルクス以下、かつ、輝度やコントラストが調整できること
・机は、必要な物が配置される広さであること
・机上は、輝度300ルクス以上とすること

(2)　制度の内容
①　貸し付ける金額

　貸し付ける金額を具体的に定めます。

　金額の定め方には、

　　・一定額とする

　　・給与の一定割合とする

などがあります。

②　返済の免除

　貸付けは、業務の円滑な遂行を支援する目的で行うものであり、テレワークを快適・効率的に遂行することは、本人にとっても、会社に

とっても望ましいことです。

　したがって、貸付けを受けた社員が一定期間継続勤務したときは、返済を免除することが望ましいでしょう。

③　貸付けの手続き

　貸付けを希望する者には、申請書を提出させます。

様式例　資金貸付申請書

資金の使途	
貸付希望額	
備考	

○○年○○月○○日

取締役社長○○○○殿

○○部○○課○○○○

テレワーク資金貸付申請書

以上

(3)　制度の実施要領

　テレワーク資金貸付制度を実施するときは、その実施要領を定め、その内容を社員に周知することが望ましいです。

テレワーク資金貸付実施要領

　1　目的

　快適かつ効率的にテレワークを行うのに必要な資金を貸し付け、テレワークの円滑な実施・定着を図ることを目的とする。

　2　制度の適用対象者

　テレワークをする全社員

　3　貸付額

〇万円以内

4　利息

無利息とする。

5　返済期間

3年とする。ただし、次の場合には、未返済額を一括して返済しなければならない。

(1)　資金をテレワーク以外の目的で使用したとき

(2)　退職するとき

6　返済の免除

貸付けを受けた日から2年以上勤務したときは、返済を免除する。

7　貸付けの手続き

資金の貸付けを希望する者は、貸付申請書を提出する。

以上

14　テレワークのルームチャージ補助制度

(1)　制度の趣旨

①　自宅以外でのテレワーク

テレワークは、自宅で行うのが原則であり、自宅以外の場所でテレワークをすることを奨励している会社はないでしょう。

しかし、社員の中には「家では、家族の話し声が聞こえて、仕事に集中できない」「家には、広さ、設備、照明等で仕事にふさわしい場所はない」などの理由から、自宅以外でのテレワークを希望している者がいるでしょう。

また、「家庭は、憩いの場、安らぎの場であり、家で仕事をしたくない」と考えている社員もいることでしょう。

② ルームチャージの補助

　一方、最近ではテレワークの普及・拡大に着目して、テレワークをする者に部屋をレンタルするビジネスホテルや貸しビル業者が出てきています。

　会社は、テレワークの促進・定着という観点からすると、社員がビジネスホテル等でテレワークをしたときに、その費用の一部を補助することが望ましいでしょう。

⑵　制度の内容

① 　補助金の決め方

　補助金の決め方には、

　　・定額で決める（例えば、１回○○円）

　　・定率で決める（例えば、ルームチャージの60％）

の２つがあります。

② 　上限額の設定

　補助金について、上限を設けるか設けないかを決めます。

　利用者の立場からすると、上限が設けられないことが望ましいですが、自宅でテレワークをする社員とのバランスを考慮すると、一定の上限を設けるのもやむを得ないでしょう。

③ 　補助金受給の手続き

　補助金を受けることを希望する者には、申請書を提出させます。

様式例　補助金申請書

	○○年○○月○○日
取締役社長○○○○殿	
	○○部○○課○○○○
ルームチャージ補助金申請書（○年○月）	
施設名	

施設利用回数	
1回のルームチャージ	
ルームチャージ合計	
備考	

以上

(3)　制度の実施要領

　テレワークのルームチャージ補助制度を実施するときは、その実施要領を定めます。

━━━ テレワークのルームチャージ補助実施要領 ━━━

　1　目的
　　ビジネスホテル等の有料施設でテレワークをする者に対してルームチャージの一部を補助し、社員の費用負担を軽減することにより、テレワークの円滑な実施・定着を図ることを目的とする。
　2　制度の適用対象者
　　テレワークをする全社員
　3　補助額
　　1日当たりルームチャージの60％とする。ただし、1日につき〇千円、1か月につき〇万円を限度とする。
　4　次のものは、補助の対象としない。
　　(1)　飲食代
　　(2)　施設までの交通費
　　(3)　その他ルームチャージ以外の経費
　5　補助金の締切日・支払日
　　毎月末日締切り、翌月25日払いとする。

15 テレワーク契約社員制度

(1) 制度の趣旨

　経営環境は、常に変化してやみません。会社が成長・発展するためには、環境変化に適切に対応することが必要です。

　会社は、経営環境の変化に対応し、業務の多角化、販売戦略の見直し、新商品の開発などのために、専門的な知識・経験を持つ人材を一時的に必要とすることがあります。このような場合に、専門職や一定の分野で豊かな経験を持つ人材を契約社員として雇用し、自宅で働いてもらうことがあります。それが「テレワーク契約社員制度」です。

　例えば、商品のイメージアップを図る目的で商品の包装やデザインを全面的に刷新するときに、デザインの専門職を6か月契約で雇用し、自宅で作業をしてもらいます。

　テレワーク契約社員制度は、IT端末を活用した、新しい時代にふさわしい柔軟な人材活用策といえます。

図表　テレワーク契約社員制度の効果

・専門的知識を持つ人材を活用できる
・正社員として雇用するよりも、コストを節減できる
・テレワークなので、オフィススペースを要しない

⑵　制度の内容

①　募集の方法

募集は、求人サイト、ホームページへの掲載などによって行います。

②　採用の基準

採用基準は、次のとおりとします。

- ・募集職種について、専門的知識および一定年数以上の業務経験があること
- ・人柄が誠実であること
- ・行動力、実行力に富んでいること

③　採用選考の方法

採用選考の方法は、書類選考（履歴書、職務経歴書）と面接（採用担当者による面接、役員面接）とします。

④　雇用・労働条件

テレワーク契約社員の雇用条件と労働条件は、図表のとおりとします。

図表　テレワーク契約社員の雇用・労働条件

雇用期間	原則として1年以内とし、業務の内容に応じて決定する。必要に応じて雇用契約を更新する。
給与	給与は、業務の内容、業務実績、経験年数等を評価して決定する。
賞与	雇用期間が限られているため、支給しない。
通勤手当	支給しない。
勤務時間	勤務時間は、原則として1日8時間とする。ただし、本人が希望するときは、短時間勤務を認める。

業務報告の出社	業務報告のために週に1回の出社を求める。出社したときは、交通費の実費を支給する。
健康保険・厚生年金保険	加入する。
雇用保険・労災保険	加入する。

(3) テレワーク契約社員の採用・処遇要領

　一定の分野について専門的な知識・経験を持つ人材を契約社員として雇用し、テレワークをさせるときは、その募集、採用および処遇（労働条件）の取扱要領を取りまとめておくことが望ましいです。

━━━━ **テレワーク契約社員採用・処遇要領** ━━━━

　1　テレワーク契約社員の採用目的

　一定の分野において専門的な知識および業務経験を持つ人材を活用することにより、業務の高度化・効率化を図ること。

　2　採用職種・採用人員・採用日

　その都度決定する。

　3　応募資格

　(1)　専門知識および業務経験のあること

　(2)　年齢、学歴等は問わない。

　(3)　他社に勤務中の者も採用する。

　4　採用基準

　(1)　募集職種について、専門的知識および3年以上の業務経験があること

　(2)　人柄が誠実であること

　(3)　行動力・実行力に富んでいること

　5　身分

　契約社員

6　雇用期間

　原則として1年以内とし、業務の内容に応じて決定する。必要に応じて雇用契約を更新する。

7　募集の方法

　(1)　求人サイト

　(2)　ホームページへの掲載

8　採用選考の方法

　(1)　書類選考（履歴書、職務経歴書）

　(2)　面接

9　給与・賞与

　(1)　給与は、業務の内容、業務実績、経験年数等を評価して決定する。

　(2)　賞与は支給しない。

10　勤務場所・勤務時間等

　(1)　勤務形態はテレワークとする。

　(2)　勤務時間は、原則として1日8時間とする。ただし、本人が希望するときは、短時間勤務を認める。

　(3)　業務報告のために週に1回の出社を求める。出社したときは、交通費の実費を支給する。

11　法令との関係

　契約社員の採用および処遇についてこの実施要領に定めのない事項は、労働基準法その他の法令の定めるところによる。

以上

第3章

モバイルワークの展開

1　モバイルワーク制度

2　モバイルワークの業務目標設定制度

3　モバイルワークの業務計画作成制度

4　モバイルワーク社員の人事考課制度

1　モバイルワーク制度

(1)　社外での業務とモバイルワーク

①　社外における業務

　朝、会社には寄らないで、自宅から取引先等に直行し、取引先等で、商品・サービス等の販売促進や販売等を行い、それが終わったら、別の取引先等へ移動する。そして、1日数件、あるいは数十件の取引先等を巡回した後、勤務時間が終了したら、会社へ寄らずに自宅へ直帰する。途中、あるいは帰宅後、メールや電話等で会社に対して業務の結果を報告する。翌日も、同じように行動する。

　このような勤務スタイル（働き方）を一般に「モバイルワーク」といいます。

　モバイルワークは、機械製品の納入・据え付け、機械製品の点検・修理、スーパー・小売店等における商品価格の調査、個人対象の面接アンケート調査、自動車保険の保険額算定のための事故現場検証、新聞・雑誌・テレビ等のマスメディア等の記事の取材など多岐にわたりますが、その代表は営業・セールスです。

②　モバイルワークのメリット

　モバイルワークでは、社員は自宅から取引先等に直行し、会社には寄りません。また、取引先等から自宅に直帰し、会社には戻りません。したがって、会社で3密は発生しないため、コロナ感染防止に効果的です。

　また、通勤時間がゼロとなるので、その時間を業務に利用できます。この結果、巡回できる取引先等の数が増え、業務の効率化が図られます。

図表　モバイルワークのメリット

- ・職場の３密を避け、コロナ感染が防止できる
- ・自宅と会社との往復の時間をゼロにできる
- ・通勤の身体的、精神的負担をなくせる
- ・時間を有効に活用して業務の効率化を図れる
- ・職場スペースを節減できる
- ・会社の経費を節減できる

⑵　モバイルワーク制度の設計

①　モバイルワークの対象者

　モバイルワークの対象者は、「社外で行われる業務を担当する者」とします。

　例えば、商品・サービスを販売する会社の場合は、「営業業務を行う者」を対象者とし、機械設備の保守・点検を行う会社は、「機械設備の保守・点検担当者」をモバイルワークの対象とします。

②　モバイルワークの実施期間

　モバイルワークの実施期間は、コロナ感染が収束するまでとします。収束した時点で、

- ・業務の効率化が図られているか
- ・業務の遂行において、問題点は生じていないか
- ・社員は、モバイルワークに満足しているか

などを客観的に検証したうえで、モバイルワークを継続するかしないかを判断します。

③　モバイルワークの勤務時間

　モバイルワークの勤務時間の決め方には、実務的に次の３つがあります。

- ・通常の勤務と同じとする（通常の勤務時間が午前９時〜午後６時であれば、モバイルワークもそれと同じとする）

・フレックスタイム制とする

　　・フリータイム制とする

図表　モバイルワークの勤務時間の決め方

勤務時間の決め方	例
通常勤務型	午前9時〜午後6時（休憩・正午〜午後1時）
フレックスタイム制	①労働時間の清算期間➡1か月 ②始業時間帯➡午前8時〜10時 ③終業時間帯➡午後3時〜8時 ④コアタイム➡午前10時〜午後3時 ⑤1か月の所定労働時間➡8時間×1か月の所定労働日数
フリータイム制	①労働時間の清算期間➡1か月 ②勤務時間帯➡午前9時〜午後10時 ③1か月の所定労働時間➡8時間×1か月の所定労働日数

④　勤務時間の算定

　労働基準法は、「労働者が労働時間の全部又は一部について事業場外で業務に従事した場合において、労働時間を算定し難いときは、所定労働時間労働したものとみなす」（第38条の2）と定めています。

　モバイルワークは、主として取引先等で行われるので、会社として本人が何時間働いたかを正確に把握することができません。

　実務的に労働時間の算定については、

　　・労働基準法の規定に従い、みなし労働時間制を適用する

　　・社員に申告させ、申告のあった時間を労働時間とする

の2つがあります。

　「テレワーク・ガイドライン」は、モバイルワークに対して「事業場外みなし労働時間制」を適用するには、次の2つの条件を満たすことが必要であるとしています。

・情報通信機器が、使用者の指示により常時通信可能な状態におくこととされていないこと
・随時使用者の具体的な指示に基づいて業務を行っていないこと
　会社にとって事業場外みなし労働時間制の適用は、
・モバイルワーク社員の労働時間管理を統一的、効率的に行える
・労働時間が長時間に及ぶのを防止できる
などの効果が期待できます。このため、会社との情報通信システム接続時間に一定の制限を設けるなどの措置を講じたうえで、みなし労働時間制を適用するのがよいでしょう。

図表　モバイルワークの勤務時間の算定方式

みなし労働時間制	１日の所定労働時間を労働したものとみなす
申告方式	１日の勤務時間を社員に申告させ、申告された時間を勤務時間として取り扱う。申告時間が10時間であるときは、所定勤務時間（８時間）を超える２時間を時間外労働として扱う

⑤　深夜・休日勤務の取扱い

　モバイルワークを採用すると、社員のなかには、「成果を出して会社の評価を得たい」などの思いから、深夜（午後10時～午前５時）や休日に仕事をする者が出てくる可能性があります。当然のことながら、社員が深夜や休日に仕事をすると、長時間労働となり、心身の健康を損なう恐れがあります。
　また、労働基準法は、
・深夜に労働させたときは、割増賃金を支払わなければならない
・休日に労働させたときは休日労働手当を支払わなければならない
と定めています。したがって、深夜・休日労働が増えると、それだけ給与負担が増加します。

深夜・休日労働の取扱いには、

・社員の自由に委ねる

・事前の届出制とする

・許可制とする

の３つがあります（いずれの場合も、36協定の枠内で行わせます）。

　モバイルワークの長時間労働の防止、給与負担の抑制という観点から判断すると、事前届出制または許可制とするのがよいでしょう。事前に届け出、または許可申請のなかったものは、深夜・休日労働としては取り扱いません。したがって、手当は支払いません。

様式例　深夜・休日勤務届

取締役社長殿	○○年○○月○○日 ○○部○○課○○○○

深夜・休日勤務届
（□深夜勤務　□休日勤務）

月日	
時間数	
業務内容	
備考	

以上

⑥　勤務時間の把握と記録

　会社は、社員の勤務時間を適正に把握する義務があります。モバイルワーク社員についても、勤務時間を把握する必要があります。

　内勤の社員については、タイムカードやICカードなどで勤務時間を把握することが可能ですが、モバイルワーク社員については、それができないため、社員本人に日々の勤務時間を記録させ、それを１週

あるいは1か月ごとに報告させるのが現実的でしょう。

様式例　モバイルワーク勤務時間記録表

取締役社長殿

○○部○○課○○○○

勤務時間記録表
（○○月○○日〜○○月○○日）

日	曜	始業時刻	終業時刻	訪問先	備考
	月				
	火				
	水				
	木				
	金				
	土				
	日				

以上

（注）①正確に記載すること。
　　　②日々記載し、まとめ書きをしないこと。

⑦　**業務報告**

　会社は、モバイルワーク社員の業務の進捗状況を正確に把握することが必要です。把握が不十分ですと、当然のことではありますが、会社の事業運営に支障が生じます。

　このため、1日の勤務が終了したときは、その日の業務の結果をメールや電話等で報告させましょう。

⑧　**モバイルワーク手当の支給**

　モバイルワークは、社外において、社外の人と接触して業務を行うというものです。内勤社員に比較して、身体的・精神的な負荷・疲労、緊張の度合いが高いといえます。

晴天の日は良いですが、雨や雪の日は、取引先への移動そのものが大変な苦労を伴います。

さらに、外出に伴う衣服や靴等の損傷の程度も大きいでしょう。

そのようなモバイルワーク固有の疲労・緊張・苦労に報いるとともに、出費増を補償する目的でモバイルワーク社員に対して一定の手当（営業手当、外勤手当、社外業務手当等）を支給している会社が多いです。

モバイルワーク手当の決め方には、図表に示すようなものがあります。

図表　モバイルワーク手当の決め方

決め方	例
月当たり定額方式（一律）	月額　30,000円
月当たり定額方式（職位別）	係長　40,000円 主任　30,000円 社員　20,000円
月当たり定額方式（資格等級別）	社員1級　15,000円 社員2級　20,000円 社員3級　25,000円
定率方式	基本給×10%
時間外勤務手当相当方式	本人の時間外勤務手当の25時間分相当額
日額方式（一律）	1日　1,000円
日額方式（職位別）	係長　1,200円 主任　1,000円 社員　　800円

(3)　モバイルワーク実施要領の作成

モバイルワーク制度の実施要領を例示すると次のとおりです。

モバイルワーク実施要領

1　モバイルワークの実施目的

(1)　新型コロナウイルス感染症の感染を防止すること

(2)　業務の効率化を図ること

2　モバイルワークの対象者

　社外において行われる業務を担当し、その業務を自己の判断で遂行することのできる能力を有する者

3　モバイルワークの実施期間

　新型コロナウイルスの感染が収束するまでの期間

4　就業規則との関係

　モバイルワークの労働条件および服務規律についてこの実施要領に定めのない事項は、すべて就業規則の定めるところによる。

5　モバイルワークの勤務時間（就業時間）

(1)　勤務時間は、午前9時〜午後6時とする（途中1時間の休憩）。

(2)　勤務時間とは、最初の取引先に到着した時刻から最終の取引先を退去するまでの時間をいう。

6　深夜・休日の業務

(1)　モバイルワークの時間が長時間に及ぶのを防止するため、深夜（午後10時〜午前5時）および休日には業務を行わないように努めなければならない。

(2)　やむを得ない事情で就業するときは、あらかじめ届け出なければならない。届け出のないものは、深夜・休日勤務とは認めない。

7　勤務時間の記録

　社員は、毎日、勤務時間を記録し、1週間ごとに会社に提出しなければならない。

8　勤務時間の算定

　勤務時間については、会社の指揮命令が及ばず、勤務時間を算定し難いため、労働基準法第38条の2の定めるところにより、所定勤務時間（8時間）勤務したものとみなす。

9　業務報告

　社員は、終業後、その日の業務の結果をメールまたは電話等で会社に報告しなければならない。

10　営業会議への出席義務

　社員は、毎週1回、営業方針の指示伝達および情報交換等のために開催される営業会議に出席しなければならない。

11　必要経費の清算

　ガソリン代、駐車料金等の業務遂行に支出した経費の清算は週単位で行う。

12　年休の届け出

　年休を取得するときは、前日までに会社に届け出なければならない。

13　通勤手当

　⑴　通勤手当は、支給しない。

　⑵　営業会議のために出社したときは、交通費の実費を支給する。

14　モバイルワーク手当の支給

　基本給の〇％相当額を「モバイルワーク手当」として毎月支給する。

以上

2　モバイルワークの業務目標設定制度

(1)　業務目標設定の趣旨

　会社の業務は、何事もあらかじめ「達成すべき目標」を明確にしたうえで、行われることが望ましいです。

　業務の遂行においてなにか支障が生じた場合、業務目標が明確に示されていれば「目標を達成するために支障を克服して前へ進もう」という気持ちになり、支障克服のために努力します。支障を乗り越えるために、あれこれと工夫します。しかし、目標が設定されていないと、支障が生じたときに前へ進むことを諦めてしまいます。

　業務目標は、「努力すれば達成可能なもの」でなければなりません。レベルがあまりにも高く、少々の努力では達成できないものは、業務目標としてはふさわしくありません。

　モバイルワークの場合は、営業業務はもちろんのこと、どの業務も取引先等を相手とする業務であるため、社内で行われる業務に比較して、支障が多く、それだけに目標を設定することの必要性が強いといえます。

(2)　業務目標の設定期間

　業務目標の設定期間については、
　　・1週間単位で設定する
　　・半期単位で設定する
　　・1年単位で設定する
などがあり、業務内容に応じて決定すべきです。

(3)　目標設定の順序

　個人ごとの業務目標は、図表に示すような順序で確定することが望ましいでしょう。

実務的には、役職者が各人の業務目標を決定し、それを部下に提示するという方法もあります。また、実際にそのような決定方式を採用している会社も少なくありません。しかし、社員の意欲の向上、自主性の尊重という観点から判断すると、「部下自身に目標を決めさせる」という方法を採用するのが望ましいでしょう。

　目標期間が経過したときは、役職者は部下と個別に面談し、目標の達成状況を話し合う必要があります。

図表　個人目標の設定順序

1　はじめに、役職者（営業所長等）が経営計画を踏まえて部門全体の業務目標を決めて、それを部下に伝達します
2　そのうえで、部下に対して、自分の業務目標を作成・提出するように指示します
3　役職者の指示に従い、各人が自分の業務目標を決め、それを役職者に提出します
4　役職者は、部下から提出された業務目標が部門の業務目標、その社員の能力・経験年数・実績等に照らして適正かどうかをチェックします
5　適正である場合は承認し、適正でない場合は修正します

様式例　業務目標の設定シート（営業職の場合）

所属長殿

（氏名）〇〇〇〇

〇〇年度営業目標

1　営業目標

	目標	前年度実績	前年度比	備考
売上				
受注件数				

2　目標達成のための手段・方法

以上

3　モバイルワークの業務計画作成制度

⑴　業務の効率化と業務計画

　労働基準法によって労働時間は1日8時間、1週40時間に制限され
ています。社員は、限られた労働時間を少しでも有効に活用して業務
を効率的・生産的に遂行することが求められています。

　モバイルワークの場合は、その性格上、取引先から取引先への移動
を伴うので、とかく時間の無駄が生じやすく、「次はどの取引先を訪
問しようか」と考えているうちに、5分、10分と時間が経過していき
ます。また、時間をかけて訪問したにもかかわらず、相手が不在で業
務を行えないという事態が生じることも稀ではありません。時間の無
駄は、人件費の無駄でもあります。

　しかし、あらかじめ合理的・現実的な行動予定が立てられていて、
かつあらかじめ面会の予約が取れていれば、時間の無駄が生じる可能
性は少ないでしょう。

⑵　業務計画の作成

　モバイルワークの業務を効率的に行うためには、合理的・現実的な
業務計画を作成し、その計画に従って行動することが必要です。業務
計画作成の重要性は、いくら強調しても強調しすぎることはありませ
ん。

　業務計画の作成期間については、

・1日単位で作成する

・1週間単位で作成する

・1か月単位で作成する

などがあります。一般的に言えば、1週間単位で作成させるのがよいでしょう。

　業務計画の作成を義務化しても、それが実行されなければ意味はありません。また、実行されなければ、勤務時間の無駄が生じて、業務の効率化は図れません。

　このため、計画期間が経過したときに、計画の実行の程度を自己評価させる仕組みを用意するとよいでしょう。例えば、1週間単位で業務計画を作成するときは、1週間が経過したときに次の4区分で実行の程度を自己評価させます。

・計画どおり行動した

・ほぼ計画どおり行動した

・あまり計画どおり行動しなかった

・計画どおり行動しなかった

様式例　モバイルワークの業務計画シート

所属長殿

　　　　　　　　　　　　　　　　　　（氏名）○○○○

　　　　業務計画（○○月○○日～○○月○○日）

月日	曜日	訪問先、訪問目的等	備考
	月		
	火		
	水		

	木	
	金	
	土	

〇実行程度の自己評価（週末に記入）

□計画どおり行動した　□ほぼ計画どおり行動した
□あまり計画どおり行動しなかった　□計画どおり行動しなかった

以上

4　モバイルワーク社員の人事考課制度

⑴　人事考課の効果
①　仕事の成果

　会社の立場からすると、すべてのモバイルワーク社員が、

・業務に対して、熱意と責任感をもって取り組むこと
・業務遂行に必要な知識と能力を有すること（知識が豊かで、能力のレベルが高いこと）
・仕事において高い成果を達成すること

が望ましいといえます。

　しかし、日ごろの勤務態度は、社員によって差が見られます。仕事への熱意と責任感が強い者もいれば、普通程度の社員もいます。なかには、熱意にやや欠ける者もいます。

　業務遂行能力のレベルも、社員によって差があります。レベルが高く、安心して仕事を任せることができる者もいれば、レベルがそれほど高いとはいえない社員もいます。

　仕事の成果にも差が見られます。会社が示した業務目標を達成する社員がいる一方で、未達成に終わる社員もいます。

② 成果に応じた処遇

　社員一人ひとりについて、日ごろの勤務態度、業務遂行能力および勤務成績を評価し、その評価の結果を昇給や賞与等に反映させる目的で行われるのが「人事考課」です。

　人事考課は、公正な人事を行ううえで、必要不可欠です。人事考課を行うことなく、「昇給率を全員同一とする」「全員に同一月数の賞与を支給する」というのは、公正な人事とはいえません。

⑵　人事考課の項目とウエイト

①　人事考課の項目

　人事考課の項目（考課対象事項）は、

　・業務に関係していること

　・客観的に把握できること

という基準に基づいて決定することが望ましいでしょう。

　一般的にモバイルワークの業務は、

　・社外において、取引先等を対象として行われる

　・各人の業務の成果が会社の業績に影響を与える

という特徴と性格を持っています。そのようなことを考慮すると、図表に示すものを考課項目とするのが合理的・現実的でしょう。

図表　モバイルワーク社員の人事考課の項目

勤務態度に関する事項	業務に対する熱意・意欲、計画性、責任性、粘り強さ、報告・連絡・相談
業務遂行能力に関する事項	業務知識、行動力、状況対応力、ストレス耐性
勤務成績に関する事項	仕事の質（正確さ）、仕事の量（迅速さ）

②　考課のウエイト

人事考課においては、考課分野ごとに一定のウエイトを設けるのが合理的です。昇給のための人事考課と賞与のための人事考課についての考課分野のウエイトを示すと、図表のとおりです。

図表　考課分野のウエイト

	勤務態度	業務遂行能力	勤務成績	計
昇給のための人事考課	30%程度	40%程度	30%程度	100%
賞与のための人事考課	50%程度	―	50%程度	100%

（注）昇進・昇格用の人事考課は、昇給と同じでよい。

(3)　人事考課表のモデル

モバイルワークの業務は多岐にわたりますが、その代表は営業の業務でしょう。営業職について、昇給のための人事考課表と賞与のための人事考課表を示すと、次のとおりになります。

なお、昇進・昇格用の人事考課表は、昇給の人事考課表と同じでよいでしょう。

＜営業社員の人事考課表＞
○昇給用の人事考課表

人事考課表（営業職・昇給用）	
被考課者	○○部○○課　（氏名）○○○○
考課対象期間	○○年○○月○○日～○○年○○月○○日

～考課対象期間中の勤務態度、能力および勤務成績を次の5段階で公正に評価して下さい～

（評価区分）

S＝きわめて優れていた

A＝優れていた

B＝普通

C＝やや劣っていた

D＝劣っていた

評価項目	着　眼　点	評　価
1　勤務態度		
業務への熱意・意欲	・常に営業活動に熱意をもって取り組んでいたか ・営業目標の達成のために、積極的・意欲的に行動をしたか ・新規取引先の開拓、営業能力の向上にも取り組んだか	S　A　B　C　D 10　8　6　4　2
計画性	・日ごろから営業活動に計画的に取り組んでいたか ・合理的・現実的な営業計画を作成していたか ・リピートオーダー（継続受注）の獲得、新規取引先の開拓にも計画的に取り組んでいたか	S　A　B　C　D 5　4　3　2　1
責任感	・営業目標の達成のために最後まで真剣に努力したか ・業務に対する責任感・使命感があったか	S　A　B　C　D 5　4　3　2　1
粘り強さ	・契約の成立を目指して、営業に粘り強く取り組んでいたか ・交渉がうまく進まない場合、すぐに諦める性向はなかったか	S　A　B　C　D 5　4　3　2　1
報告・連絡・相談	・営業の進捗状況と結果を会社に適切に報告したか。報告を怠ることはなかったか ・営業の進め方について判断に迷うときは、会社に相談したか ・業務を独断と思い込みで進めることはなかったか	S　A　B　C　D 5　4　3　2　1

2　業務遂行能力		
業務知識	・営業業務の遂行に必要な実務的知識を習得していたか ・実務知識の拡大にも日ごろから努力していたか	S　A　B　C　D 15　12　9　6　3
行動力	・契約の成立に必要な行動を迅速に実行していたか ・指示された行動に直ちに取り組んでいたか。実行に手間取ることはなかったか ・業務目標を達成するために、するべきこと、できることは、すべて実施していたか	S　A　B　C　D 15　12　9　6　3
状況対応力	・その場の状況を的確に判断し、適切な行動を取ることができたか ・判断や行動に、柔軟性・融通性があったか ・問題やトラブルの解決に向けて、迅速かつ適切に行動したか	S　A　B　C　D 5　4　3　2　1
ストレス耐性	・営業活動で生じるストレスを自分なりに上手に解消することができたか ・ストレスによって業務に支障が生じることはなかったか	S　A　B　C　D 5　4　3　2　1
3　勤務成績		
売上・受注の実績	・売上や受注件数の目標をどの程度達成することができたか ・営業目標の達成のために、どの程度努力し、工夫し、頑張ったか	S　A　B　C　D 25　20　15　10　5
トラブル・クレームの発生	・営業活動において、お客さまとの間でトラブルが生じなかったか ・お客さまからクレームを受けることはなかったか ・トラブルやクレームに対して誠実に対応したか	S　A　B　C　D 5　4　3　2　1

	合計点（100点満点）	点

一次考課者氏名	
一次考課者所見	

二次考課者氏名	
二次考課者所見	□一次考課は適切である □一次考課はおおむね適切である □次のように評価するのが妥当である （勤務態度○○点、能力○○点、勤務成績○○点、 合計○○点）

以上

○賞与用の人事考課表

人事考課表（営業職・賞与用）

被考課者	○○部○○課　（氏名）○○○○
考課対象期間	○○年○○月○○日〜○○年○○月○○日

〜考課対象期間中の勤務態度および勤務成績を次の５段階で公正に評価して下さい〜
（評価区分）
S＝きわめて優れていた
A＝優れていた
B＝普通
C＝やや劣っていた
D＝劣っていた

評価項目	着　眼　点	評　価
1　勤務態度		
業務への熱意・意欲	・常に営業活動に熱意をもって取り組んでいたか	S　A　B　C　D 20　16　12　8　4

	・営業目標の達成のために、積極的、意欲的に行動したか ・新規取引先の開拓、営業能力の向上にも取り組んだか	
計画性	・日ごろから営業活動に計画的に取り組んでいたか ・合理的・現実的な営業計画を作成していたか ・リピートオーダー（継続受注）の獲得、新規取引先の開拓にも計画的に取り組んでいたか	S　A　B　C　D ┝━┿━┿━┿━┥ 5　4　3　2　1
責任感	・営業目標の達成のために最後まで真剣に努力したか ・業務に対する責任感・使命感があったか	S　A　B　C　D ┝━┿━┿━┿━┥ 15　12　9　6　3
粘り強さ	・契約の成立を目指して、営業に粘り強く取り組んでいたか ・交渉がうまく進まない場合、すぐに諦める性向はなかったか	S　A　B　C　D ┝━┿━┿━┿━┥ 5　4　3　2　1
報告・連絡・相談	・営業の進捗状況と結果を会社に適切に報告したか。報告を怠ることはなかったか ・営業の進め方について判断に迷うときは、会社に相談したか ・業務を独断と思い込みで進めることはなかったか	S　A　B　C　D ┝━┿━┿━┿━┥ 5　4　3　2　1
2　勤務成績		
売上・受注の実績	・売上や受注件数の目標をどの程度達成することができたか ・営業目標の達成のために、どの程度努力し、工夫し、頑張ったか	S　A　B　C　D ┝━┿━┿━┿━┥ 40　32　24　16　8
トラブル・クレームの発生	・営業活動において、お客さまとの間でトラブルが生じなかったか ・お客さまからクレームを受けることはなかったか ・トラブルやクレームに対して誠実に対応したか	S　A　B　C　D ┝━┿━┿━┿━┥ 10　8　6　4　2

	合計点（100点満点）		点

一次考課者氏名	
一次考課者所見	

二次考課者氏名	
二次考課者所見	□一次考課は適切である □一次考課はおおむね適切である □次のように評価するのが妥当である （勤務態度○○点、勤務成績○○点、合計○○点）

以上

第4章

3密緩和の勤務時間・休日制度

1　時差勤務制度

2　選択型時差勤務制度

3　フレックスタイム制度

4　フリータイム制度

5　分散型休日制度

6　ノー残業デー・ノー残業ウィーク制度

1　時差勤務制度

(1)　時差勤務の効果

①　テレワークができる業務とできない業務

　職場における新型コロナウイルスの感染拡大を防止するためには、3密（密閉・密集・密接）の場面を少しでも緩和・解消することが必要です。このための働き方として、テレワーク（リモートワーク・在宅勤務）と時差出勤が推奨されていることは、周知のとおりです。

　テレワークは、働く場をオフィスから家庭などへ移すので、3密は完全に解消されます。しかし、在宅で業務を行うという性格上、テレワークでできる業務は制限されます。会社で行われているすべての業務をテレワークでできるというわけではありません。テレワークには適さない業務も多くあります。

②　時差勤務制度の効果

　これに対して時差勤務は「社員の出勤時間・勤務時間を数時間だけずらす」というものであり、「オフィスで働く」ということには何の変化もありません。このため、業務上の制限は少なく、ほとんどすべての業務を時差出勤・時差勤務の対象とすることが可能です。

　時差勤務は、3密を緩和し、感染防止に役立つという効果のほかに、図表に示すような効果も期待できます。

図表　時差勤務制度の効果

・通勤ラッシュを緩和できる（ラッシュアワーを避けて出勤できる）
・営業時間を拡大できる
・仕事の忙しい時間帯に合わせて人員（労働力）を配置できる
・時間外労働（残業）を削減できる
・時間外労働手当（残業代）を節減できる

⑵　制度の内容

①　勤務時間帯

　勤務時間帯は、理論的には20種類でも30種類でも設定することが可能です。しかし、数を多く設定すると、勤務時間についての考えがルーズになる恐れがあります。一般的には、2つから3つ程度にするのが適切でしょう。例えば、3つの場合は次のとおりになります。

　　　・A勤務　午前8時〜午後5時（途中休憩1時間）
　　　・B勤務　午前9時〜午後6時（途中休憩1時間）
　　　・C勤務　午前10時〜午後7時（途中休憩1時間）

②　社員のグループ分け

　勤務時間帯別の人員を決めます。

　職場における3密の緩和という観点からすると、各勤務時間帯の人員をできる限り均等にすることが望ましいでしょう。

様式例　勤務時間帯決定の通知

	氏名
A勤務（午前8時〜午後5時）	
B勤務（午前9時〜午後6時）	
C勤務（午前10時〜午後7時）	

○○年○○月○○日

課員各位

○○課長

勤務時間帯について（お知らせ）

以上

③　固定型と交替型

　時差勤務の形態には、

　　　・勤務時間帯の交替は行わない「固定型」

・一定期間（１週間、１か月）ごとに勤務時間帯を交替する「交替型」（Ａ勤務➡Ｂ勤務➡Ｃ勤務➡Ａ勤務・・・）

の２つがあります。

④　時差勤務についての社員の心得

時差勤務について、次のことを守るよう社員に求めます。

・職場への入退場に当たっては、他の社員の業務に影響を与えないよう、静かに行うこと。

・遅刻、早退、欠勤をしないこと。

・他のグループの社員との業務に関するコミュニケーションに支障を与えないように努めること。

・出社時に手指を消毒すること。

・勤務時間中は、マスクを着用すること。

⑶　実施要領の作成

時差勤務の実施要領を取りまとめ、社員に発表します。

＜時差勤務実施要領＞

○その１　（２勤務制・交替型）

時差勤務実施要領

1　実施の趣旨

新型コロナウイルスの感染拡大に対応し、職場の３密状態を緩和すること。

2　勤務時間帯

勤務時間帯は、次のとおりとする。

・Ａ勤務　午前８時〜午後５時（途中休憩１時間）

・Ｂ勤務　午前10時〜午後７時（途中休憩１時間）

3　社員のグループ分け

課ごとに、社員をA勤務、B勤務の2つのグループに区分する。

4　勤務時間帯の交替

　勤務時間帯は、1週間ごとに交替する（A勤務➡B勤務➡A勤務・・・）。

5　時差勤務についての社員の心得

(1) 職場への入退場に当たっては、他の社員の業務に影響を与えないよう、静かに行うこと。

(2) 遅刻、早退、欠勤をしないこと。

(3) 他のグループの社員との業務に関するコミュニケーションに支障を与えないように努めること。

(4) 出社時に手指を消毒すること。

(5) 勤務時間中は、マスクを着用すること。

6　実施日

　○○年○○月○○日（○）から実施する。

以上

○その2（3勤務制・固定型）

時差勤務実施要領

1　実施の趣旨

　新型コロナウイルスの感染拡大に対応し、職場の3密状態を緩和すること。

2　勤務時間帯

　勤務時間帯は、次のとおりとする。

　　・A勤務　午前8時〜午後5時（途中休憩1時間）

　　・B勤務　午前9時〜午後6時（途中休憩1時間）

　　・C勤務　午前10時〜午後7時（途中休憩1時間）

3　社員のグループ分け

課ごとに、社員をＡ勤務、Ｂ勤務、Ｃ勤務の３つのグループに区分する。

４　勤務時間帯の交替

　勤務時間帯の交替は行わない。

５　時差勤務についての社員の心得

　⑴　職場への入退場に当たっては、他の社員の業務に影響を与えないよう、静かに行うこと。

　⑵　遅刻、早退、欠勤をしないこと。

　⑶　他のグループの社員との業務に関するコミュニケーションに支障を与えないように努めること。

　⑷　出社時に手指を消毒すること。

　⑸　勤務時間中は、マスクを着用すること。

６　実施日

　○○年○○月○○日（○）から実施する。

以上

○その３（部門ごとに勤務時間を決めるもの）

───────────── 時差勤務実施要領 ─────────────

１　実施の趣旨

　新型コロナウイルスの感染拡大に対応し、職場の３密状態を緩和すること。

２　各部の勤務時間

　各部の勤務時間は、次のとおりとする。

業務部、経理部	午前８時～午後５時（途中休憩１時間）
総務部、人事部	午前９時～午後６時（途中休憩１時間）
営業部、企画部、商品開発部	午前10時～午後７時（途中休憩１時間）

　3　時差勤務についての社員の心得
　(1)　遅刻、早退、欠勤をしないこと。
　(2)　他の部門の社員との業務に関するコミュニケーションに支
　　　障を与えないように努めること。
　(3)　出社時に手指を消毒すること。
　(4)　勤務時間中は、マスクを着用すること。
　4　実施日
　　○○年○○月○○日（○）から実施する。

　　　　　　　　　　　　　　　　　　　　　　　　　　　　　以上

2　選択型時差勤務制度

⑴　選択型時差勤務制度の趣旨

　勤務時間については、就業規則で1つだけ特定し、それを全社員に適用するというのが一般的です。例えば、「午前9時〜午後6時（途中1時間休憩）という勤務時間を全社員に適用します。

　これに対し、複数の勤務時間帯を用意し、その中から社員に1つだけ選択させる制度を「選択型時差勤務制度」（セレクティブタイム制度）といいます。例えば、次の3つの勤務時間を用意し、社員に自由に選択させます。

　　・A勤務　午前8時〜午後5時（途中休憩1時間）
　　・B勤務　午前9時〜午後6時（途中休憩1時間）
　　・C勤務　午前10時〜午後7時（途中休憩1時間）

図表　選択型時差勤務制度のメリット

・職場の３密を緩和し、新型コロナの感染を防止できる
・社員の自主性・主体性を尊重できる
・勤務時間を有効に活用し、業務の効率化を図れる
・勤務時間の有効活用により、時間外労働を削減できる
・時間外労働手当（残業代）を節減できる

⑵　選択型時差勤務制度の設計

① 勤務時間帯

　一般的には、２つから４つ程度とするのが適切でしょう。

② 選択期間

　勤務時間の選択については、

　　・１日単位とする（毎日選択させる）

　　・１週間単位とする

　　・１か月単位とする

などがあります。

③ 職場の予定表等への書き込み

　誰が何時に出社し、何時まで会社にいるのかがわからないと、外部から業務の電話が入ったときに適切に対応することができず、相手に迷惑を与えます。

　このため、職場の予定表等に、各人の勤務時間を書き込ませるようにしましょう。

様式例　勤務時間予定表

	○○年○○月○○日

課員各位

○○課長

勤務時間予定表（○○月○○日～○○月○○日）

	氏名
A勤務（午前8時～午後5時）	
B勤務（午前9時～午後6時）	
C勤務（午前10時～午後7時）	

以上

⑶　実施要領の作成と周知

　選択型時差勤務制度を実施するときは、実施要領を作成し、その内容を社員に周知します。

選択型時差勤務実施要領

　1　実施の趣旨

　業務に影響を与えない範囲において職場の3密状態を緩和し、新型コロナウイルスの感染を防止すること。

　2　勤務時間の選択

　社員は、毎週、次のいずれかの勤務時間を選択し、それによって勤務すること。

　　A勤務　　午前8時～午後5時（途中休憩1時間）

　　B勤務　　午前9時～午後6時（途中休憩1時間）

　　C勤務　　午前10時～午後7時（途中休憩1時間）

　3　勤務時間の予定表等への記入

　社員は、毎週金曜日の終業時までに翌週の勤務時間帯を選択

し、職場の予定表に記入するものとする。

4　選択型時差勤務についての社員の心得

(1)　職場への入退場に当たっては、他の社員の業務に影響を与えないよう、静かに行うこと。

(2)　遅刻、早退、欠勤をしないこと。やむを得ず遅刻、早退、または欠勤をするときは、あらかじめ会社に連絡すること。

(3)　業務を計画的・効率的に遂行し、時間外勤務は最小限に留めること。

(4)　出社時に手指を消毒すること。

(5)　勤務時間中は、マスクを着用すること。

5　実施日

○○年○○月○○日（○）から実施する。

以上

3　フレックスタイム制度

(1)　フレックスタイム制の趣旨

　勤務時間については、会社が始業時刻および終業時刻を決めるのが一般的です。通常、社員は全員いっせいに始業時刻までに出勤し、終業時刻になるまでいっせいに働くため、3密が発生します。

　これに対して、フレックスタイム制の場合は、始業時刻および終業時刻を社員自身が決定します。したがって、3密を相当程度緩和し、感染を防止することができます。

　フレックスタイム制は、3密の緩和のほか、図表に示すようなさまざまな効果が期待できる柔軟な勤務時間制度です。

図表　フレックスタイム制の効果

・社員の自主性、主体性を尊重し、勤労意欲の向上を図れる
・勤務時間の有効活用により、業務の効率化を図れる
・時間外労働の削減、労働時間の短縮を図れる
・時間外労働手当を削減できる
・通勤に対する緊張感を緩和できる

(2)　制度の内容

①　対象者の範囲

　フレックスタイム制が適しているのは、

・各人の業務分担が独立的に決められている

・業務遂行について社員の裁量性が大きい（仕事の進め方や時間配分などについて、会社のほうで細かい指示を出さない）

という2つの条件を満たす職種です。

②　コアタイム

　フレックスタイム制は、社員自身に始業・終業時刻を決めさせる制度ですが、業務の指示命令や相互の情報交換などのために、コアタイム（必ず勤務しているべき時間帯）を設けるのが一般的です。

　例えば、「午前10時～午後3時」というように、業務遂行上の必要性を勘案してコアタイムを決めます。

　コアタイムを決めた場合、遅刻、早退および欠勤は次のように取り扱います。

　　　コアタイムの開始時刻に遅れたとき➡遅刻

　　　コアタイムの終了前に退社したとき➡早退

　　　コアタイムにまったく勤務しなかったとき➡欠勤

　遅刻、早退または欠勤をするときは、あらかじめ会社に届け出るよう、社員に徹底します。

様式例　遅刻・早退・欠勤届

	○○年○○月○○日
取締役社長殿	
	○○部○○課○○○○

遅刻・早退・欠勤届
（□遅刻　□早退　□欠勤）

遅刻等の月日	○月○日　（　　）
出社・退社の時刻	午前・午後○時○分
遅刻等の理由	
備考	

（注）事前に届け出ること。

以上

③　フレキシブルタイム

　コアタイムを設けるときは、フレキシブルタイム（始業時間帯・終業時間帯）を決めることになります。

　始業時間帯は、一般的な出勤の便を踏まえて、例えば、「午前８時～10時」というように決めます。

　一方、終業時間帯は、交通の便、一般的な終業の状況、関係先の営業時間等を踏まえて、例えば「午後３時～７時」というように決めます。終業時間帯の終了時刻を午後10時、11時というように遅くすると、結果的に深夜勤務を奨励または誘発することになるので、避けるべきです。

④　勤務時間の清算期間

　勤務時間の清算期間は、労働基準法で「３か月以内」とされています。３か月以内であれば、どのように決めるのも会社の自由ですが、正社員については月給制が広く採用されているので、勤務時間の清算期間と給与の計算期間とが異なると、実務的にさまざまな支障が生じ

る恐れがあります。

　したがって、勤務時間の清算期間は、給与の計算期間に合わせて「21日〜翌月20日」あるいは「1日〜末日」とするのが合理的です。

⑤　標準勤務時間

　年休を取得したときなどの時間計算のために、「標準勤務時間」を決めておきます。そして、次の場合には、標準勤務時間勤務したものとみなします。標準勤務時間は8時間とします。

　　・年休を取得したとき

　　・年休以外の休暇を取得したとき

　　・勤務時間の全部または一部を事業場外で業務に従事し、勤務時間の算定がし難いとき

⑥　清算期間中の所定勤務時間

　清算期間中の所定勤務時間数は、次の算式によって得られる時間がわかりやすくて便利です。

（所定勤務時間数）

清算期間中の所定勤務日数×標準勤務時間（8時間）

図表　清算期間の所定勤務時間

・勤務日数が21日のとき➡21日×8時間＝168時間
・勤務日数が22日のとき➡22日×8時間＝176時間
・勤務日数が23日のとき➡23日×8時間＝184時間

⑦　休日勤務等の許可

　長時間勤務を少しでも抑制するため、次の勤務については会社による許可制とするのがよいでしょう。

　　・休日勤務

　　・始業時間帯開始前の勤務、終業時間帯終了後の勤務

様式例　フレキシブルタイム外・休日勤務の許可願い

　　　　　　　　　　　　　　　　　　　　　○○年○○月○○

取締役社長殿

　　　　　　　　　　　　　　　　　　　　　○○部○○課○○○○

　　　　フレキシブルタイム外・休日勤務の許可願い
　　　　（□フレキシブルタイム外勤務　□休日勤務）

勤務日	
勤務時間	
業務内容	
備考	

　　　　　　　　　　　　　　　　　　　　　　　　　　　以上

（注）必ず事前に提出すること。

---

⑧　勤務時間の過不足の取扱い

　会社の立場からすると、社員一人ひとりが時間を上手に使って業務を遂行し、所定勤務時間のなかで業務を完全に終わらせてくれることが望ましいが、フレックスタイム制の下では、実際の勤務時間と所定勤務時間との間に過不足が生じるのが一般的です。

　過不足については、図表に示すように取り扱うことが必要です。

　例えば、1か月の所定勤務時間が176時間であるときに、実際の勤務時間が200時間であったとした場合には、超過の24時間を残業として取り扱い、24時間分の割増賃金（時間外勤務手当）を支払わなければなりません。超過分を次の清算期間に繰り越すことは、労働基準法違反となります。

　これに対して、所定勤務時間数を下回ったときは、次の清算期間に繰り越すか、または下回った時間分の給与をカットします。

図表　勤務時間の過不足の取扱い

・実際の勤務時間が所定勤務時間を上回ったとき➡上回った時間を残業（時間外勤務）として扱う
・実際の勤務時間が所定勤務時間を下回ったとき➡下回った時間を次の清算期間に繰り越すか、または、その分だけ給与をカットする

⑨　不足の解消命令

　社員は、所定勤務時間は業務に従事する義務を負っています。実勤務時間が所定勤務時間に不足するということは、社員としての義務を果たしていないことを意味します。このため、不足した社員に対して、次の清算期間においてその不足時間だけ余計に働き、不足時間を解消するように命令するのがよいでしょう。

　例えば、4月の勤務時間が所定時間に20時間不足した社員に対しては、「5月に20時間余計に働いて、不足時間を解消すること」と命令します。

様式例　不足時間解消命令書

○○年○○月○○日
取締役社長

不足時間解消命令書（○○年○○月）

　次の者は、当月の勤務時間が次の時間不足したので、次の清算期間において、不足時間を解消すること。

氏名	不足時間	備考

以上

⑩ 勤務時間の記録と提出

　社員は、始業・終業時刻および勤務時間数等を日々記録し、これを清算期間終了後、速やかに会社に提出します。

様式例　勤務時間記録表

〇〇年〇〇月〇〇日

取締役社長殿

〇〇部〇〇課〇〇〇〇

勤務時間記録表（〇〇年〇〇月）

日	曜　日	始　業 時　刻	終　業 時　刻	休　憩 時　間	勤　務 時間数	年休等	備　考
21							
22							
23							
24							
25							
26							
27							
28							
29							
30							
31							
1							
2							
3							
4							
5							
6							
7							
8							
9							
10							

11							
12							
13							
14							
15							
16							
17							
18							
19							
20							
計	＊＊	＊＊	＊＊	＊＊		＊＊	＊＊

以上

⑶　労使協定の締結

　フレックスタイム制を実施するときは、労働組合（労働組合がないときは、社員の代表者）との間で協定を結ぶことが必要です。

図表　労使協定の項目と協定例

協定項目		協定例
1	対象者	総務部以外の全社員
2	労働時間の清算期間	21日から翌月20日までの1か月
3	所定労働時間	所定労働日数×8時間
4	1日の標準労働時間	8時間
5	コアタイム	午前10時〜午後3時（正午〜午後1時は休憩）
6	フレキシブルタイム	・始業時間帯＝午前8時〜10時 ・終業時間帯＝午後3時〜8時

⑷　フレックスタイム規程の作成

　フレックスタイム制は、始業・終業時刻の決定を社員自身に委ねるという、柔軟な勤務時間制度であり、整然と行われるようにするためには、その取扱基準について、現実的・合理的な社内規程が作成されていることが必要です。

　社内規程の例を示すと、次のとおりです。

フレックスタイム規程

（総則）

第1条　この規程は、フレックスタイム制について定める。

（フレックスタイム制による勤務）

第2条　次に掲げる部門に所属する社員は、フレックスタイム制によって勤務することができる。

　事務部門／企画部門／営業部門／研究開発部門

（勤務時間の清算期間）

第3条　勤務時間の清算期間は、21日から翌月20日までの1か月間とする。

（標準勤務時間）

第4条　1日の標準勤務時間は、8時間とする。

2　社員が次のいずれかに該当するときは、標準勤務時間勤務したものとみなす。

　⑴　年次有給休暇その他の有給休暇を取得したとき

　⑵　出張その他社外で業務に従事し、勤務時間を算定し難いとき

（清算期間中の所定勤務時間数）

第5条　清算期間中の所定勤務時間数は、次の算式によって得られる時間とする。

　（所定勤務時間数）清算期間中の所定勤務日数×8時間

（コアタイム・休憩時間）

第6条　コアタイムおよび休憩時間は、次のとおりとする。

　　（コアタイム）　午前10時～午後3時

　　（休憩時間）　　正午から1時間

2　コアタイム中は、必ず勤務していなければならない。

（フレキシブルタイム）

第7条　フレキシブルタイムは、次のとおりとする。

　　（始業時間帯）午前8時～10時

　　（終業時間帯）午後3時～8時

2　始業時刻および終業時刻は、各人の決定に委ねる。

3　職場への入退場に当たっては、他の社員の職務に影響を与えないように配慮しなければならない。

（遅刻・早退・欠勤）

第8条　コアタイムの開始時刻に遅れて始業したときは遅刻、コアタイムの終了時刻の前に終業したときは早退とする。

2　コアタイムにまったく勤務しなかったときは、欠勤とする。

3　遅刻、早退または欠勤をするときは、あらかじめ会社に届け出なければならない。

（休日）

第9条　休日は、次のとおりとする。

　(1)　日曜、土曜

　(2)　国民の祝日

　(3)　年末年始（12月28日～1月4日）

（勤務時間の記録・提出）

第10条　社員は、始業・終業時刻および勤務時間数等を日々記録し、これを清算期間終了後、速やかに会社に提出しなければならない。

（勤務時間の単位）

第11条　勤務時間の単位は、15分とする。

（超過時間の取扱い）

第12条　清算期間中の実勤務時間数が所定勤務時間数を超えたときは、超えた時間数を時間外勤務として取り扱う。

2　社員は、時間外勤務の時間数が、会社と労働組合とで協定した時間数を超えないようにしなければならない。

（不足時間の取扱い）

第13条　清算期間中の実勤務時間数が所定勤務時間数に不足したときは、不足した時間数を次の清算期間に繰り越すものとする。

2　前項の規定にかかわらず、不足時間が20時間を超えるときは、その超える時間に相応する基本給をカットする。

3　不足時間を発生させたときは、次の清算期間においてその不足時間を解消するように努めなければならない。

（許可）

第14条　社員は、次の場合には、あらかじめ会社の許可を得なければならない。

　(1)　始業時間帯の開始前または終業時間帯の終了後に勤務するとき

　(2)　休日に勤務するとき

2　事前に許可を得ていないものについては、原則として勤務時間とはみなさない。

（勤務時間の指定）

第15条　会社は、緊急事態の発生その他業務上必要であると認めるときは、フレックスタイム制の適用を停止し、特定時刻から特定時刻までの勤務を命令することがある。

（適用解除）

第16条　会社は、次に該当する者については、フレックスタイム制の適用を解除し、通常の勤務に復するように命令することがある。

　⑴　合理的な理由がないにもかかわらず、所定勤務時間数と実勤務時間数との間にしばしば著しい過不足を発生させる者

　⑵　遅刻、早退または欠勤を繰り返す者

　⑶　勤務時間の記録がルーズである者

　⑷　業務の効率が良くない者

　⑸　その他フレックスタイム制の適用になじまないと認められる者

（新型コロナ感染防止の心得）

第17条　社員は、新型コロナウイルスの感染を予防するため、次のことに留意しなければならない、

　⑴　出勤時および外出先から帰社したときは、入口で手指を消毒すること

　⑵　勤務時間中は、マスクを着用すること

　⑶　他の社員との間に一定の間隔を確保すること

　⑷　職場の換気を行うこと

（付則）

この規程は、○○年○○月○○日から施行する。

4　フリータイム制度

⑴　フリータイム制度の趣旨

　フレックスタイム制の場合は、

　・社員の業務管理（業務の指示命令、業務報告の収受、その他）を

効率的に行う

・社員相互の情報交換を活発に行う

・職場の一体感、連帯感の維持を図る

などの目的で、コアタイムを設けるのが一般的です。

これに対して、コアタイムを設けないフレックスタイム制を「フリータイム制」といいます。この制度は、社員にとってフレックスタイム制よりも自由度の高い勤務時間制度となります。

図表　フリータイム制の特徴

①	コアタイムを設けないフレックスタイム制である
②	コアタイムを設けないので、3密の発生を相当程度抑制できる
③	専門性・独立性の高い業務に適している

(2)　フリータイム制度の適用対象者

フリータイム制度は、一定の勤務時間帯の枠の中で、社員自身に始業・終業時刻を決めさせて働いてもらうという勤務制度です。このため、業務の遂行について担当者の裁量性の大きい業務に従事している者に適用するのが合理的・現実的です。

一般的には、次の業務に従事する者に適用するのが適切です。

・専門的知識を必要とする業務

・新技術の開発

・新商品の企画、開発

・市場調査

・営業

・営業企画

(3)　フリータイム制度規程

フリータイム制度の社内規程の例を示すと、次のとおりです。

138

―――― フリータイム制度規程 ――――

（総則）

第1条　この規程は、フリータイム制度について定める。

（フリータイム制度による勤務）

第2条　次に掲げる業務に従事する社員は、フリータイム制度に
よって勤務することができる。

　(1)　専門的知識を必要とする業務

　(2)　研究開発の業務

　(3)　経営企画、商品開発の業務

　(4)　市場調査の業務

　(5)　営業、営業企画の業務

（勤務時間の清算期間）

第3条　勤務時間の清算期間は、21日から翌月20日までの1か月
間とする。

（標準勤務時間）

第4条　1日の標準勤務時間は8時間とする。

2　社員が次のいずれかに該当するときは、標準勤務時間勤務し
たものとみなす。

　(1)　年次有給休暇その他の有給休暇を取得したとき

　(2)　出張その他社外で業務に従事し、勤務時間を算定し難いと
き

（清算期間中の所定勤務時間数）

第5条　清算期間中の所定勤務時間数は、次の算式によって得ら
れる時間とする。

　　（所定勤務時間数）清算期間中の所定勤務日数×8時間

（勤務時間帯）

第6条　勤務時間帯は、次のとおりとする。

（勤務時間帯）午前8時～午後9時

2 社員は、勤務時間帯の任意の時刻から任意の時刻まで勤務するものとする。

3 勤務時間が6時間を超えるときは45分、8時間を超えるときは1時間の休憩を勤務の途中で取るものとする。

（休日）

第7条 休日は、次のとおりとする。

 (1) 日曜、土曜

 (2) 国民の祝日

 (3) 年末年始（12月28日～1月4日）

（勤務時間の記録・提出）

第8条 社員は、始業・終業時刻および勤務時間数等を日々記録し、これを清算期間終了後、速やかに会社に提出しなければならない。

（勤務時間の単位）

第9条 勤務時間の単位は、15分とする。

（超過時間の取扱い）

第10条 清算期間中の実勤務時間数が所定勤務時間数を超えたときは、超えた時間数を時間外勤務として取り扱う。

2 社員は、時間外勤務の時間数が、会社と労働組合とで協定した時間数を超えないようにしなければならない。

（不足時間の取扱い）

第11条 清算期間中の実勤務時間数が所定勤務時間数に不足したときは、不足した時間数を次の清算期間に繰り越すものとする。

2 前項の規定にかかわらず、不足時間が20時間を超えるときは、その超える時間に相応する基本給をカットする。

3 不足時間を発生させたときは、次の清算期間においてその不

足時間を解消するように努めなければならない。

（許可）

第12条　社員は、次の場合には、あらかじめ会社の許可を得なければならない。

　(1)　勤務時間帯の前後に勤務するとき

　(2)　休日に勤務するとき

2　事前に許可を得ていないものについては、原則として勤務時間とはみなさない。

（勤務時間の指定）

第13条　会社は、緊急事態の発生その他業務上必要であると認めるときは、フリータイム制度の適用を停止し、特定時刻から特定時刻までの勤務を命令することがある。

（業務遂行上の心得）

第14条　社員は、業務の遂行について、次のことに留意しなければならない。

　(1)　勤務時間を有効に活用し、業務の効率化を図ること

　(2)　業務進捗状況および結果を会社に適宜適切に報告すること

　(3)　上司・同僚との間で、業務上の情報交換を密に行うこと

　(4)　業務に関する新しい知識の習得に努めること

（新型コロナ感染防止の心得）

第15条　社員は、新型コロナウイルスの感染を予防するため、次のことに留意しなければならない、

　(1)　出勤時および外出先から帰社したときは、入口で手指を消毒すること

　(2)　勤務時間中は、マスクを着用すること

　(3)　他の社員との間に一定の間隔を確保すること

　(4)　職場の換気を行うこと

5　分散型休日制度

(1)　分散型休日制度の効果

　週休２日制の会社は、土・日曜日を休日とし、社員をいっせいに休ませているのが一般的です。この場合、月〜金曜の５日が勤務日となり、全社員がいっせいに職場に出勤するので、どうしても３密状態となります。

　職場の３密を緩和するという観点からしますと、休日を分散して付与するのがよいでしょう。例えば、日曜日のみいっせいの休日とし、残りの１日は個別に与えます。このように休日を分散させれば、職場の３密を相当程度緩和することができます。

(2)　制度の内容

①　休日の与え方

　休日の与え方には、

　　・週休２日とも個別に与える

　　・土、日曜日のいずれかは全社員いっせいに与え、残りの１日を個別に与える

の２つがあります。

　休日についての考えは人によって異なりますが、一般的には「日曜日は休みたい」という希望が強くあります。家族のいる社員ほど、日曜日休日の希望が強いでしょう。

　このような状況を考えると、日曜日は全社員いっせいの休日とし、残りの１日を個人別に与えるのが現実的といえます。

＜社員への通知＞

〇〇年〇〇月〇〇日

社員の皆さんへ

取締役社長〇〇〇〇

週休日の変更について（お知らせ）

　新型コロナウイルスの感染を防止するには、いわゆる3密の状況を少しでも緩和することが必要です。このため、当分の間、次のとおり週休日を変更することとしましたので、お知らせします。皆さんのご理解とご協力をお願いします。

記

1　週休日を「一斉休日」と「指定休日」の2つにします。
2　「一斉休日」は、日曜日とします。
3　「指定休日」は、月曜日から土曜日までのうちの1日を、個人別に指定します。指定休日が国民の祝日に当たるときは、その翌日を休日とします。
4　この制度は、〇〇月〇〇日（〇）から当面の間実施します。

以上

② 個人別休日表の掲出

　誰がいつ休むのかがわかっていないと、業務に支障が生じます。このため、個人別の休日表を作成し、職場に掲出しましょう。

様式例　個人別休日表

休日	氏名
月曜	
火曜	
水曜	
木曜	
金曜	

土曜	
日曜	全員

③　固定型と交替型

　個人別に休日を与える場合の取扱いには、

　・固定する

　・一定期間（1か月、3か月、6か月、1年）ごとに変更する

の2つがあります。

④　部門別休日制

　部門によって業務の内容が異なります。外部との接触が多い部門も
あれば、比較的少ない部門もあります。このため、部門ごとに休日を
決めるという方法もあります。

　この場合の取扱いには、

　・週休2日とも部門別に決める

　・土、日曜のいずれかは全社一斉休日とし、残りの1日を部門別に
　　決める

の2つがあります。

　日曜は休みたいという希望が強いことを考えると、日曜日は全社一
斉休日とし、残りの1日を部門別休日とするのが現実的でしょう。

＜部門別休日制の社内通知例＞

　　　　　　　　　　　　　　　　　　　　　　○○年○○月○○日

　社員の皆さんへ

　　　　　　　　　　　　　　　　　　　　取締役社長○○○○

　　　　　　　週休日の変更について（お知らせ）

　　新型コロナウイルスの感染を防止するには、いわゆる3密の状
　況を少しでも緩和することが必要です。このため、当分の間、次

のとおり週休日を変更することとしましたので、お知らせします。皆さんのご理解とご協力をお願いします。

記

1　週休日を「一斉休日」と「部門休日」の2つにします。
2　「一斉休日」は、日曜日とします。
3　「部門休日」は、次のとおりです。部門休日が国民の祝日に当たるときは、その翌日を休日とします。

製造部	月曜日
資材部	火曜日
商品開発部	水曜日
経理部	木曜日
人事部	金曜日
営業部、総務部	土曜日

4　この制度は、〇〇月〇〇日（〇）から当面の間実施します。

以上

6　ノー残業デー・ノー残業ウィーク制度

(1)　制度の趣旨

①　会社の経営と残業

　会社の経営には、さまざまな経費が必要ですが、そのなかでも人件費は相当の割合を占めます。経費の大半が人件費であるという会社も、少なくありません。人件費負担を少しでも軽減することは、経営の重要な課題でもあります。

　そこで、多くの会社は正社員の人員を必要最小限に抑え、仕事が忙しいときは正社員に残業（時間外労働・時間外勤務）を命令するという経営手法を採用・実践しています。

②　残業削減の必要性

　業務を円滑に進めていくうえで、残業は必要不可欠です。しかし、残業は一般に3密（密閉・密集・密接）の状況で行われるため、コロ

ナ感染を発生させる可能性があります。感染を防止するためには、「日常的・恒常的に長時間の残業が行われている」という状況を少しでも改善することが必要です。

　また、社員の心身の健康を維持するという観点からも、長時間残業は好ましいものではありません。

　残業の削減には実務的にさまざまな方法がありますが、ノー残業デーやノー残業ウィーク制度もその1つの工夫です。これは、週に1日、あるいは1か月に1週間、残業をしないで全員が定時に退社するという制度です。これにより、残業を減らして仕事をするという意識を植え付けることができます。

　ノー残業デー・ノー残業ウィーク制度は、職場における3密の機会を減少させることでもあるので、コロナ対策としても評価すべき制度です。

(2)　制度の内容

　ノー残業デー制度を実施するときは、その日を決めます。一般的には、水曜日をノー残業の日とするのが現実的でしょう。

　水曜日をノー残業デーとしたときは、その日は残業をしないで定時に退社するよう、社員に呼び掛けます。

　ノー残業ウィーク制度を実施するときは、その週を決めます。一般的には、第2週または第3週をノー残業の週とするのが現実的でしょう。

　ノー残業の週を決定したときは、その週は月曜から金曜まで、残業をしないで定時に退社するよう、社員に呼びかけます。

＜ノー残業デー制度実施の社内通知＞

```
　　　　　　　　　　　　　　　　　　　　○○年○○月○○日
社員の皆さんへ

　　　　　　　　　　　　　　　　　取締役社長○○○○

　　　　　ノー残業デー制度の実施について（お知らせ）

　新型コロナ感染を防止するためには、いわゆる3密（密閉・密
集・密接）の機会を少しでも減らす必要があります。
　一方、残業を削減し、社員の健康を維持することは、かねてか
らの経営課題です。
　このため、次の措置を講ずることとしました。このことについ
て、皆さんのご理解とご協力を求めます。
1　毎週水曜日を「ノー残業デー」とし、全員定時に退社する。
2　当日やむを得ない事情により残業をする必要があるときは、
　あらかじめ人事部長の許可を得ること。
3　この措置は、○○年○○月○○日（水）から実施する。
　　　　　　　　　　　　　　　　　　　　　　　　　　以上
```

⑶　実施上のポイント

①　当日の残業は認めない

　ノー残業デー制度を導入した会社について、その経過を見ると、当日に「仕事が忙しいので残業を特別に認めてほしい」と人事部に申し出る者が多いことがわかります。はじめから全社員が制度に全面的に協力し、制度が順調に定着したというケースは少ないです。

　「残業を認めてほしい」という申し出を安易に認めると、特別扱いを申し出る者が次第に増え、制度が形骸化する可能性が高くなります。

　ノー残業デー制度を定着させるには、「当日の残業は、特別の事情がない限り原則として容認しない」という強い姿勢を取ると同時に、

　・当日の朝、社内放送等で「今日はノー残業デーです」と呼びかけ

る

・当日の終業時刻後、人事部員または部の代表者が各職場を巡回して、仕事をしている者がいないかを確認する。仕事をしている者がいた場合には、退社を促す

・照明、冷暖房の電源を止める

などの措置を講ずるとよいでしょう。

② **定着の具合をチェックする**

　ノー残業デー制度を実施したときは、当分の期間、「当日の残業を申し出た者が何人いたか」「当日残業をした者が何人いたか」を集計し、制度が順調に推移しているかを確認するのがよいでしょう。

　もしも当日の残業社員が多いときは、あらためて制度への協力を強く呼びかけるなどの対策を講じます。

様式例　ノー残業デー当日の残業社員数

	○○部	○○部	○○部	○○部	○○部	備考
○月○日						
○月○日						
○月○日						
○月○日						
○月○日						

第5章

オンラインの活用

1　新卒者のオンライン採用面接制度
2　オンライン採用内定式制度
3　オンライン内定者交流会制度
4　オンライン入社前研修制度
5　中途採用者のオンライン採用面接制度
6　オンライン会議制度

1　新卒者のオンライン採用面接制度

(1)　面接のオンライン化の趣旨

　新卒者の採用選考の方法には、一般に書類選考、適性検査、筆記試験および面接がありますが、なかでも面接は比較的簡単に応募者の能力や人柄を見分けることができるので、会社の規模や業種・業態を問わず、広く採用されています。面接だけで採用の可否を決めている会社も少なくありません。

　面接は、一般に応募者を会社に呼び、採用担当者や役職者・役員が対面し、会話するという方法で行われますが、そこには人の移動や対面による会話を伴うので、コロナ感染の心配があります。しかし、オンラインで行えば、感染の心配はありません。このため、コロナ禍で、オンライン面接を実施する会社が増加しています。

(2)　オンライン採用面接制度の内容

①　採用面接の順序とオンライン面接

　大卒の採用面接は、次の順序で行うのが一般的です。

- ・採用担当者による一次面接
- ・人事部の役職者による二次面接
- ・役員による最終面接

　採用面接のオンライン化については、一般的・実務的に図表に示すような3つの方法が考えられます。

　オンラインで応募者の能力、意欲および人柄（人間性）を完全に把握することは無理でしょう。また、大卒は幹部候補社員でもあるので、大卒の採用は、会社にとって重要な人事です。

　さらに、いったん採用した者を採用後に「能力・意欲に欠ける」「人柄が社風に合わない」などの理由で解雇することは、現実問題として不可能に近いです。

　このようなことを考えると、一次面接のみオンラインで行い、二次面接および最終面接は対面で行うのが賢明でしょう。

図表　オンライン化の対象

・一次面接のみオンラインで行う
・一次面接と二次面接をオンラインで行い、最終面接は対面で行う
・すべてオンラインで行う

②　面接担当者への通知

　人事部長は、面接担当者に対して、面接対象者の氏名等を知らせ、一定の期間内にオンライン面接を行うように指示します。

　面接担当者は、指示された期間に、指示された者（応募者）と連絡を取り合い、面接の日時を決め、オンラインで面接を実施します。

様式例　面接担当者への面接の指示

　　　　　　　　　　　　　　　　　　　　　　○○年○○月○○日

（面接担当者）○○○○殿

　　　　　　　　　　　　　　　　　　　　　　　人事部長

　　　　　オンライン面接の実施について（指示）

　下記の者について、下記の期間中にオンライン面接を行い、その結果を報告するよう指示する。

1　面接の対象者

氏名	大学・学部	電話番号・メールアドレス等	備考

```
┌─────────────────────────────────────────────────────┐
│  2  実施期間                                          │
│        ○○年○○月○○日（○）～○○月○○日（○）         │
│                                            以上       │
└─────────────────────────────────────────────────────┘
```

③　質問項目

　面接の質問項目としては、一般的には図表に示すようなものが考えられます。

図表　一般的な質問項目（新卒者）

1　日常生活に関すること	①　長所、短所 ②　趣味、スポーツ ③　よく見るテレビ番組、よく読む新聞の欄 ④　休日の過ごし方 ⑤　アルバイト経験の有無、その内容、目的 ⑥　海外旅行の経験の有無、その内容、印象 ⑦　健康の自信、健康法 ⑧　資格・免許の有無、その内容 ⑨　気分転換の方法 ⑩　その他
2　大学・学生生活に関すること	①　現在の大学を選んだ理由 ②　現在の学部・学科を選んだ理由 ③　ゼミ所属の有無、そのゼミを選んだ理由 ④　外国語の内容、その自信の程度 ⑤　クラブ・サークル活動の内容 ⑥　学生生活で打ち込んだこと ⑦　学生生活で得たこと ⑧　その他
3　会社・仕事に関すること	①　就職する理由、働く目的 ②　会社を志望する理由 ③　希望する仕事の内容とその理由 ④　会社という組織で働くうえでの心構え ⑤　他の人といっしょに働くことの自信 ⑥　休日出勤や残業についての考え ⑦　会社が属する業界の将来性・成長性についての見方 ⑧　その他

④　質問すべきでない事項

面接では、

・本人に責任のない事項

・本来、個人の自由であるべき事項

については、社会的差別につながるおそれがあるため、質問すべきではありません。

厚生労働省では、質問すべきでない事項として、図表に示すようなものを明示しています。

図表　質問すべきでない事項

本人に責任のない事項	・本籍や出生地に関すること ・家族に関すること（職業、続柄、健康、地位、学歴、収入、資産など） ・住宅状況に関すること（間取り、部屋数、住宅の種類、近郊の施設など） ・生活環境・家庭環境に関すること
本来、個人の自由であるべき事項	・宗教に関すること ・支持政党に関すること ・人生観、生活信条に関すること ・尊敬する人物に関すること ・思想に関すること ・労働組合や学生運動など社会運動に関すること ・購読新聞，雑誌，愛読書に関すること

（出所）厚生労働省「公正な採用選考の基本」

図表　質問すべきでない質問の例

家族関係	・お父さんの職業は？ ・お父さんの勤めている会社の名前は？ ・お父さんの会社での地位は？ ・お父さんの年収はおよそどれくらい？
住宅関係	・家は、持家、それとも借家？ ・まわりの環境は？
生活・家庭環境	・家庭環境は恵まれている？
宗教関係	・信じている宗教は？　その理由は？
支持政党	・支持する政党は？ ・選挙で投票する政党は？
人生観・生活信条	・「男は仕事、女は家庭」という考えについて、どう思う？ ・生活上の信条は？
尊敬する人物	・尊敬している人は誰？
労働組合	・入社したら労働組合に入る？
購読新聞・雑誌等	・購読している新聞は？ ・購読している雑誌は？ ・愛読書は？
その他	・（女子学生に）結婚したら会社はどうする？ ・（女子学生に）妊娠・出産しても仕事を続ける？

⑤　面接シートの作成

　面接の進め方には、

　・あらかじめ質問項目を決めておき、それに沿って進める

　・特に質問項目は決めておかずに、相手の興味や関心やその場の状況などに応じて自由に質問する

という２つの方法があります。

　いずれの方法を採用するかは各社の自由ですが、質問事項を決めて

おかないと、

　　ア　相手によって聞いたり聞かなかったりする項目が出て、面接の
　　　　統一性・公平性を保てなくなる

　　イ　面接に当たる社員が個人的に関心のあることだけを聞き、採用
　　　　の可否を決定するうえで大切なこと、重要なことを聞き忘れる

　　ウ　次の質問を考えるのに時間がかかる。無駄な時間が生じる

　　エ　基本的人権やプライバシーを侵害する質問をしてしまう

などの問題が生じる恐れがあります。

　面接を効率的かつ公正に行うためには、あらかじめ、質問項目と評価基準を盛り込んだ「面接シート」を作成しておき、それに沿って面接を進めるのがよいでしょう。

⑥　評価項目の決定

ア　評価項目の決定と共有化

　面接は、「優れた人材を採用する」「採用するにふさわしい人物を見つける」という目的を達成するために行われるものです。その目的を確実に達成するためには、

　　・「どのような人物が望ましいか」「どのような学生を採用すべき
　　　か」という観点から、あらかじめ評価項目を決めておく

　　・その評価項目について、面接担当者の合意を形成しておく（評価
　　　項目の共有化）

が必要です。

　評価項目を現実的・合理的に決定し、それを面接担当者が共有することは、きわめて重要です。

イ　評価項目の決定基準

　評価項目は、

　　・経営理念、経営方針

　　・社風、経営風土

　　・業務の内容

などを踏まえて、決められなければなりません。

　評価項目は、

　　・面接で評価できるもの

　　・応募者の態度や回答内容から評価できる事項

に限定すべきです。

ウ　一般的な評価項目

　一般的・標準的な評価項目とその着眼点を示すと、図表のとおりです。

図表　面接の評価項目と着眼点

		着眼点
1	態度	・落ち着きがあるか
2	礼儀	・挨拶がきちんとできるか ・礼儀正しいか
3	誠実さ	・人間的な誠実さが感じられるか ・人柄が信頼できるか ・態度や発言に真面目さ、素直さがあるか
4	コミュニケーション能力	・自分の考えや意見を簡潔にわかりやすく話せるか ・話の内容に説得力があるか ・質問の内容を正しく理解できるか
5	主体性	・自分の意思に基づいて自主的に行動できるか ・自分の意思や意見をはっきりと主張できるか ・積極的に物事に取り組んでいるか ・他人の意見や行動に大きく影響されることはないか
6	チャレンジ精神	・新しいことに前向きに取り組む姿勢や意欲があるか ・現状に満足することなく、改善・変革しようとする意思があるか ・失敗を恐れない姿勢があるか
7	責任感	・自分の意見や行動に責任を持つ姿勢があるか ・責任を果たそうとする強い姿勢が感じられるか ・失敗を他人の責任にする姿勢がないか

8	協調性	・他人と仲良くやっていけそうか ・他人の意見を尊重する姿勢があるか ・自分の意見に必要以上に強くこだわることはないか ・マイペースなところはないか
9	職業意識	・就職する目的がはっきりしているか ・会社の志望理由が明確になっているか。志望理由をはっきりと説明できるか ・希望する仕事が明確になっているか ・会社という組織で働くことへの自覚があるか
10	リーダーシップ	・クラブ活動やサークル活動において、何か役職を経験しているか ・仲間に自分の意見をはっきりと伝えられるか ・他人を取りまとめる力量が感じられるか ・行動力、説得力に富んでいるか

⑦　面接者の心得

　面接は、応募者の能力・意欲を評価する場でありますが、それと同時に、応募者から会社の品位や社員の品格・人間性を評価される場でもあります。

　面接者に対しては、次の事項に十分配慮するように求めます。

図表　面接担当者の心得

1	応募者が提出したエントリーシートをよく読んで面接に臨むこと
2	はじめに自分の氏名と所属部門を告げること
3	応募者の氏名を確認してから質問を始めること
4	はっきりした声で話をすること
5	自分の個人的な意見や主張を前面に出さないこと
6	感情的にならないこと
7	採用を約束するような発言をしないこと
8	最後に、面接に応じてくれたことに対して、感謝の言葉を述べること

⑧　採否の判定と人事部長への報告

　面接担当者は、面接を終えたときは、直ちに応募者の採否を判定し、その結果を人事部長に報告します。

様式　面接結果報告書

〇〇年〇月〇日

人事部長殿

（面接者）〇〇〇〇

面接結果報告

氏名	大学・学部	面接月日	採否評価	評価の理由
1			A・B・C・D	
2			A・B・C・D	
3			A・B・C・D	
4			A・B・C・D	
5			A・B・C・D	

以上

（評価）　A＝採用すべきである　　B＝採用したほうがよい
　　　　　C＝採用しないほうがよい　　D＝採用すべきでない

⑶　オンライン採用面接規程

　オンライン採用面接の手順と方法を定めた社内規程の例を示すと、次のとおりです。

―――　オンライン採用面接規程（新卒者）　―――

（総則）

第1条　この規程は、新卒者（大卒）のオンライン採用面接について定める。

（面接の順序とオンライン面接）

第2条　採用面接は、次の順序で行う。

　⑴　採用担当者による一次面接

　⑵　人事部の役職者による二次面接

　⑶　役員による最終面接

2　採用面接のうち一次面接はオンラインで行い、二次面接および最終面接は対面で行う。

（面接担当者の指名）

第3条　面接担当者は、毎年度、人事部長が指名する。

（面接担当者への通知）

第4条　人事部長は、応募者について書類選考を行い、面接する応募者を決めたときは、面接担当者に対して、次の事項を通知する。

　⑴　面接対象者の氏名等

　⑵　面接実施期間

2　面接担当者は、指示された期間に応募者と連絡を取り合い、面接の日時を決め、オンラインで面接を実施しなければならない。

3　面接の日時の決定に当たっては、相手の都合に十分配慮しなければならない。

（面接の方法）

第5条　面接は、所定の面接シートによって行う。

2　質問を追加することは差し支えないものとする。

（質問禁止事項）

第6条　次に掲げる事項は、質問してはならない。

　⑴　社会的差別の原因となるおそれのある事項

　⑵　思想、信条および宗教に関する事項

　⑶　プライバシーに深く立ち入った事項

　⑷　基本的人権を侵害する事項

（面接の所要時間）

第7条　面接の所要時間は、おおむね30分程度とする。

（面接者の心得）

第8条　面接者は、次の事項に十分配慮しなければならない。

(1) 応募者が提出したエントリーシートをよく読んで面接に臨むこと

(2) はじめに自分の氏名と所属部門を告げること

(3) 応募者の氏名を確認してから質問を始めること

(4) はっきりした声で話をすること

(5) 自分の個人的な意見や主張を前面に出さないこと

(6) 感情的にならないこと

(7) 採用を約束するような発言をしないこと

(8) 最後に、面接に応じてくれたことに対して、感謝の言葉を述べること

（面接の評価基準）

第9条　面接の評価基準は、次のとおりとする。

(1) 落ち着きがあるか。礼儀正しいか

(2) まじめさ、誠実さがあるか

(3) コミュニケーション能力（表現力・理解力）があるか

(4) 行動や考え方に主体性・積極性があるか

(5) 協調性があるか

(6) 働く目的や職業意識・就労意識が明確になっているか

（採否の判定と人事部長への報告）

第10条　面接を終えたときは、直ちに応募者の採否を判定し、その結果を人事部長に報告しなければならない。

2　採否判定は、次の4区分で行う。

A＝採用すべきである

B＝採用したほうがよい

C＝採用しないほうがよい

D＝採用すべきでない

（面接研修）

第11条　人事部長は、採用担当者に対して面接研修を実施する。

2　採用担当者は、研修を受講しなければならない。

（付則）

この規程は、○○年○○月○○日から施行する。

＜面接シート＞

○文系新卒者

面接シート（文系）

応募者氏名		大学・学部	

Q	A
＜生活関係＞ ① まず、自己紹介を兼ねて簡単に自分をPRして下さい。 ② 長所は？　性格的に優れているところは？ ③ それでは、短所、欠点は？ ④ アルバイトの経験は？　その目的と内容は？ ⑤ 健康の自信は？　健康づくりのために何かしている？ ⑥ 嫌なことがあったときの、気分転換の方法は？ ⑦ 日常の生活は規則正しいほう、不規則なほう？ ⑧ 暑さ・寒さには強いほう、弱いほう？ ⑨ 電車の中で携帯電話で話している人がいるが、どう思う？	
＜大学関係＞ ① 現在の大学を選んだ理由は？ ② 現在の学部を選んだ理由は？ ③ ゼミは？　そのゼミを選んだ理由は？ ④ 授業には、よく出るほう？ ⑤ クラブ、サークルは？　クラブ・サークル活動で、一番感動的・印象的だったことは？	

（加入していない場合）その理由は？
⑥　大学生活で一番打ち込んでいることは？

＜仕事・会社関係＞
①　当社を応募した理由は？
②　当社への応募について、誰かと相談した？
③　希望する仕事の内容は？　その理由は？
④　希望する仕事に就けなかったら？
⑤　会社生活で大事なことは何だと思う？
⑥　当社の印象、イメージは？
⑦　当社の属する業界の課題は何だと考える？

評価項目	着　眼　点	評　価
態度・礼儀	落ち着きがあるか。礼儀正しいか	A・B・C・D
誠実さ	まじめさ、誠実さがあるか	A・B・C・D
コミュニケーション力	自分の意見を簡潔にわかりやすく表現できるか	A・B・C・D
主体性	行動や考え方に主体性、積極性があるか	A・B・C・D
協調性	協調性があるか。仲間とうまくやっていけるか	A・B・C・D
職業意識	働く目的や職業観がしっかりしているか	A・B・C・D

（評価）　A＝優れている　　B＝普通　　C＝やや劣る　　D＝劣る

人物評・面接所見

採用判定
□採用すべきである　　□採用したほうがよい □採用しないほうがよい　　□採用すべきでない

面接者		面接日		月　　日

○理系新卒者

面接シート（理系）

応募者氏名		大学・学部	

Q	A
＜生活関係＞ ① まず、自己紹介を兼ねて簡単に自分をPRして下さい。 ② 長所は？　性格的に優れているところは？ ③ それでは、短所、欠点は？ ④ アルバイトの経験は？　その目的と内容は？ ⑤ 健康の自信は？　健康づくりのために何かしている？ ⑥ 嫌なことがあったときの、気分転換の方法は？ ⑦ 暑さ・寒さには強いほう、弱いほう？	
＜大学関係＞ ① 現在の大学を選んだ理由は？ ② 現在の専攻（学部・学科）を選んだ理由は？ ③ 現在の専攻を選択してよかった？ ④ 授業の内容は充実していると思う？ ⑤ 外国語の選択は？　外国語の能力の程度は？ ⑥ クラブ、サークルは？　クラブ、サークル活動で、一番感動的・印象的だったことは？ 　（加入していない場合）その理由は？ ⑦ 大学生活で一番打ち込んでいることは？	
＜仕事・会社関係＞ ① 当社を応募した理由は？ ② 当社への応募について、誰かと相談した？ ③ 当社の技術力をどう評価している？　その理由は？ ④ 技術者として大事なことは、何だと思う？ ⑤ 技術者として当社に貢献できる自信のほどは？ ⑥ 当社の印象、イメージは？ ⑦ 当社の属する業界の課題は何だと考える？	

評価項目	着 眼 点	評 価
態度・礼儀	落ち着きがあるか。礼儀正しいか	A・B・C・D
誠実さ	まじめさ、誠実さがあるか	A・B・C・D
コミュニケーション力	自分の意見を簡潔にわかりやすく表現できるか	A・B・C・D
主体性	行動や考え方に主体性、積極性があるか	A・B・C・D
協調性	協調性があるか。仲間とうまくやっていけるか	A・B・C・D
職業意識	働く目的や職業観がしっかりしているか	A・B・C・D

（評価） A＝優れている　　B＝普通　　C＝やや劣る　　D＝劣る

人物評・面接所見

採用判定
□採用すべきである　　　□採用したほうがよい □採用しないほうがよい　□採用すべきでない

面接者		面接日		月　　日

2　オンライン採用内定式制度

(1)　内定者管理と内定式

①　採用活動と採用内定

　新卒者の場合、採用の内定から４月１日の入社日までの間隔がきわめて長くなります。書類選考や数次の面接で採用を決め、本人から入社承諾書を提出させたからといって安心することはできません。「他社から誘われたから」「大学院に進学したいから」といって内定を辞

退されることがあります。また、会社生活への不安から、入社を断ってくるケースもあります。

　高いコストと多くの労力をかけて採用内定を出した学生に就職を辞退されると、会社は大きな痛手を受けます。また、今後の要員計画にも支障が生じます。

②　内定式のオンライン化

　会社は、内定を出した学生を確実に入社に導くことが必要です。入社に導くための一連の活動を一般に「内定者管理」といいます。内定者管理は、人事部門・採用部門の重要な業務です。

　内定者管理には、実務的にさまざまな方法がありますが、採用内定式の開催は、最も重要な方法といえます。

　内定者が採用予定数に達したときに、内定者を集めてセレモニーを開催しますが、コロナ禍に配慮して、オンラインで内定式を行います。

図表　内定者管理の方法

```
 1　定期的に電話をし、近況を聞く。
 2　内定者交流会を開く。
 3　内定者を集めて内定式を開く。
 4　社内報を送り、会社を理解してもらう。
 5　会社の施設見学会を開く。
 6　会社でアルバイトをさせる。
 7　会社の仕事を体験させる（インターンシップ）。
 8　入社前研修会を開く。
 9　家族を対象にして会社説明会・会社見学会を開く。
10　その他
```

(2)　実施要領

①　開催時期

　内定式は、採用内定者が採用予定人員に達した時点で開催します。

② 内定式の式次第

式次第は、次のとおりです。

1　役員の紹介と社長挨拶

2　内定者紹介

3　内定者代表挨拶

4　入社日までのスケジュールの説明

5　その他

③ 内定の取消し

事前に欠席の連絡をしてこないで欠席した者は、入社の意思がないものとして採用内定を取り消すものとします。

＜内定式の通知＞

○○年○○月○○日

内定者の皆さんへ

取締役社長○○○○

採用内定式について（お知らせ）

拝啓

　皆さまにおかれましては、お元気で学生生活をお送りのことと思います。

　さて、このほど来年度採用の内定者が出そろいましたので、次のとおり内定式を行います。本来であれば、本社に参集していただくのですが、コロナ禍に伴い、オンラインで開催します。ぜひご出席ください。

1　日時　○○年○○月○○日（○）午前10～11時

2　当日の内容

(1)　役員の紹介と社長挨拶

(2)　内定者紹介

(3)　内定者代表挨拶

(4)　入社日までのスケジュールの説明

(5)　その他

（お願い）ご出席いただけないときは、事前に連絡してください。

敬具

3　オンライン内定者交流会制度

(1)　内定者交流会の趣旨

　内定者にとって「どのような人がいっしょに入社しているのか」は大きな関心事です。また、内定者は将来長い間ともに会社で働く仲間でもあります。同期の者が互いに相手を知り、相手と信頼関係を形成することは望ましいことです。同期の仲間と親しくなることにより、入社への思いが強くなります。

　したがって、内定者相互の交流の場を設けることは、内定者管理にとって重要です。

(2)　交流会の内容

①　交流会の人数

　一般に、初対面同士の交流の場合、参加人員が多くなればなるほど、交流が形式的になります。相手がどういう人物で、どのような経歴なのかがわからないので、会話が形式的になるのは、当然でしょう。互いに自分の名前と大学名を名乗り、当たり障りのないことを話して別れるというのでは、交流にはなりません。

　したがって、1回当たりの参加者は、10名程度とするのがよいでしょう。内定者が多いときは、いくつかのグループに分けて開催します。

②　交流会のプログラム

　交流会のプログラムは、次のとおりです。

　(1)　参加者の紹介（人事課長）

　(2)　参加者の自己紹介

　(3)　会社の近況報告（人事課長）

　(4)　参加者の近況報告

　(5)　会社への質問

(6) 参加者相互の意見交換

(7) その他

③ **開催頻度**

　交流会の大きな目的は、内定者と定期的にコミュニケーションを交わし、確実に採用に結び付けることです。

　このような目的から判断すると、内定式後入社日までの間に、2か月に1回程度の頻度で開催するのが現実的でしょう。

＜内定者交流会の通知＞

　　　　　　　　　　　　　　　　　　　　　　○○年○○月○○日

内定者の皆さんへ

　　　　　　　　　　　　　　　　　　　　人事部長○○○○

　　　　　　　　内定者交流会について（お知らせ）

拝啓

　皆さまにおかれましては、お元気で学生生活をお送りのことと思います。

　さて、内定者相互の親睦を図る目的で、次のとおり内定者交流会を開きます。本来であれば、レストラン等で食事をともにしながら開きたいのですが、コロナ禍に伴い、オンラインで開催します。ぜひご出席ください。

1　日時　○○年○○月○○日（○）午後○時～○時

2　当日の内容

　(1) 参加者の紹介（人事課長）

　(2) 参加者の自己紹介

　(3) 会社の近況報告（人事課長）

　(4) 参加者の近況報告

　(5) 会社への質問

　(6) 参加者相互の意見交換

　(7) その他

（お願い）ご出席いただけないときは、事前に連絡してください。

　　　　　　　　　　　　　　　　　　　　　　　　　　敬具

⑶　内定者交流会の実施要領

　交流会の実施要領の例を示すと、次のとおりです。

内定者交流会実施要領

　1　目的
　　会社への理解と親近感を高めるとともに、採用内定者相互の交流を促進すること
　2　対象者
　　採用内定者全員
　3　交流会の内容
　　⑴　参加者の紹介（人事課長）
　　⑵　参加者の自己紹介
　　⑶　会社の近況報告（人事課長）
　　⑷　参加者の近況報告
　　⑸　会社への質問
　　⑹　参加者相互の意見交換
　　⑺　その他
　4　予定時間
　　おおむね1時間程度
　5　開催頻度
　　2か月に1回程度

　　　　　　　　　　　　　　　　　　　　　　　以上

4　オンライン入社前研修制度

⑴　入社前研修の趣旨

　大学新卒者は、会社にとって重要な人材です。新卒者を定期的に採用し、計画的に育成することにより、会社の成長発展が約束されます。

経営環境が厳しいことを考えると、新卒者を少しでも早く「戦力」にする必要があります。このため、一般的には4月の入社後に新卒研修を実施している会社が多いなかで、最近は、入社前に研修を実施する会社が出てきています。

新卒者同士の仲間意識を形成するという観点からすると、集合研修が望ましいのですが、コロナ禍ではオンラインで行います。

(2)　**実施の内容**

①　**実施時期**

入社前研修の主な目的は、新卒者に対して会社と仕事への理解を深めてもらうことです。採用内定の時期は、会社によっても、また新卒者採用市場の動向によっても異なりますが、入社日まで相当の間隔がある内定者に対して「会社と仕事の概要を教える」といっても、内定者は「入社日までまだ期間がある」といって研修にやる気が出ないでしょう。例えば、5、6月に採用内定を決めた新卒者に対して「入社前研修を行う」と告げても、4月の入社までの間隔が長いので、学生は戸惑うでしょう。

入社前研修は、入社直前のほうが効果的です。一般的には、1月か2月に実施するのが現実的でしょう。

②　**研修の内容**

研修の内容は、次のとおりです。

・会社の歴史➡どのような経緯を経て現在に至っているか
・主要な取扱商品➡どのような商品を、どの程度生産・販売しているか
・組織の概要と業務分掌➡どのような部門があり、どのような業務を行っているか
・主要な労働条件➡給与、労働時間・休日・休暇等は、どのようになっているか

・業界の概要と会社の位置➡業界の市場規模はどの程度か。ライバル会社はどこか

③　**研修テキスト**

研修の効率を高めるためにテキストを作成し、事前に内定者に送付します。

＜入社前研修の通知＞

　　　　　　　　　　　　　　　　　　　　　○○年○○月○○日

内定者の皆さんへ

　　　　　　　　　　　　　　　　　人事部長○○○○

　　　　　　　入社前研修について（お知らせ）

拝啓

　皆さまにおかれましては、お元気で最後の学生生活をお送りのことと思います。

　さて、会社と仕事への理解を深めてもらう目的で、次のとおり入社前研修を実施します。本来であれば、会社に参集していただいて実施するのですが、コロナ禍に伴い、オンラインで実施します。ぜひご出席ください。

1　日時　○○年○○月○○日（○）午前○時～午後○時

2　研修の内容

　(1)　会社の歴史（創業～現在）

　(2)　主要な取扱商品

　(3)　組織の概要と業務分掌

　(4)　主要な労働条件

　(5)　業界の概要と会社の位置

　(6)　その他

3　研修テキスト

　当日使用するテキストを近日中に自宅宛てに送付します。

（お願い）ご出席いただけないときは、事前に連絡してください。

　　　　　　　　　　　　　　　　　　　　　　　　敬具

---

(3) 実施要領

入社前研修の実施要領の例を示すと、次のとおりです。

入社前研修実施要領

1 オンライン入社前研修の実施

新型コロナウイルス感染症の感染を防止するため、採用内定者を対象とする入社前研修は、オンラインで実施する。

2 研修の対象者

○○年4月1日に入社予定の者

3 研修の日時

○○年2月○○日（○）午前10時〜午後3時

4 研修の主な内容

(1) 会社の歴史（創業〜現在）

(2) 主要な取扱商品

(3) 組織の概要と業務分掌

(4) 主要な労働条件（給与、労働時間・休日・休暇、その他）

(5) 業界の概要と会社の位置

(6) その他

5 講師

関係部門の部長が当たる。

6 テキストの送付

研修を効率的に行うため、事前にテキストを作成し、これを入社予定者に配布する。

7 所管

研修の所管は、人事部とする。

以上

5　中途採用者のオンライン採用面接制度

⑴　中途採用のメリット

中途採用は会社にとって、

・いつでも自由に行える。新卒採用と異なり、社会的な制約がない

・採用決定から入社までの期間が短い

・即戦力が得られる

・募集コストが比較的安い

などのメリットがあります。

このため、人材調達の手段として広く活用されています。採用は中途採用中心という会社も少なくありません。

⑵　中途採用者（総合職）の採用面接

①　中途採用者の選考方法

中途採用者の選考方法は、一般に書類選考と面接です。履歴書と職務経歴書で、

・職務経験の有無、経験年数

・職務上の実績

などを評価し、「この人物は採用に値する」と判断した応募者と面談し、採用の可否を決定します。

②　面接の順序とオンライン面接

採用面接は、一般に次の順序で行われます。

・人事部と中途採用者配属部門の役職者による一次面接

・役員による最終面接

採用面接のうち一次面接はオンラインで行い、最終面接は対面で行うのが現実的でしょう。

面接をすべてオンラインで行い、採用の可否を決定するのはリスクが大きすぎます。

③　面接の質問事項

　面接の質問項目としては、一般に図表に示すようなものが考えられます。

図表　面接の質問項目

1　日常生活に関すること	①　長所、短所 ②　趣味、スポーツ ③　よく見るテレビ番組、よく読む新聞の欄 ④　休日の過ごし方 ⑤　健康の自信、健康法 ⑥　気分転換の方法 ⑦　その他
2　前の会社・退職に関すること	①　前の会社に入社した理由 ②　前の会社を退職した理由 ③　退職に当たって悩んだこと ④　退職についての慰留の程度 ⑤　前の会社での仕事の実績 ⑥　前の会社の良いところ・良くないところ ⑦　前の会社での年収 ⑧　その他
3　会社・仕事に関すること	①　当社を志望する理由 ②　当社のイメージ、印象 ③　当社に貢献できる自信の有無とその理由 ④　○○（募集職種）という職務を進めていくうえで大切なこと ⑤　休日出勤や残業についての考え ⑥　会社が属する業界の将来性・成長性 ⑦　自己啓発の方法 ⑧　採用された場合、いつから勤務できるか ⑨　その他

④　質問禁止事項

　次に掲げる事項は、質問してはいけません。

　・社会的差別の原因となるおそれのある事項

　・思想、信条および宗教に関する事項

・プライバシーに深く立ち入った事項

・基本的人権を侵害する事項

⑤　面接選考の評価基準

面接選考の評価機基準を決め、担当者の間で共有します。例えば、図表に示すような基準を設けます。

中途採用の目的の1つは、即戦力の確保です。採用したその日から仕事の第一線で活用できることです。したがって、職務遂行に必要な知識・技術のレベルを問うのは当然のことです。

また、仕事への強い熱意・意欲がなければ、いい仕事をすることが難しく、目標を達成することも、期待できません。熱意・意欲さえあれば高い成果を上げられるというものではありませんが、熱意・意欲が乏しければ、どのような仕事でも一定の成果を収めることは期待し難いでしょう。このため、仕事に対する熱意・意欲を評価します。

図表　面接の評価基準（総合職）

1	職務の遂行に必要な知識、技術を習得していること
2	職務遂行について熱意・意欲のあること
3	責任感のあること
4	実行力・行動力のあること
5	誠実さのあること。人間性のあること
6	協調性のあること。自分中心主義でないこと

⑥　採否の判定と人事部長への報告

面接予定者に対する面接を終えたときは、直ちに応募者の採否を判定し、その結果を人事部長に報告します。

様式例　面接結果報告書

○○年○月○日

人事部長殿

（配属予定部）○○○○

（人事部）○○○○

面接結果報告

氏名	最終職歴	面接月日	採否評価	評価の理由
1			A・B・C・D	
2			A・B・C・D	
3			A・B・C・D	
4			A・B・C・D	
5			A・B・C・D	

以上

（評価）A＝採用すべきである　　B＝採用したほうがよい

C＝採用しないほうがよい　　D＝採用すべきでない

＜中途採用の面接シート＞

面接シート（中途採用者・総合職）

応募者氏名		勤務先	

Q	A
＜生活関係＞ ① まず、自己紹介を兼ねて簡単に自分をPRして下さい。 ② 長所は？　性格的に優れているところは？ ③ 短所、欠点は？ ④ よく見るテレビの番組は？ ⑤ よく読む新聞の欄は？ ⑥ 休日の主な過ごし方は？ ⑦ 健康の自信は？　健康対策は？ ⑧ 嫌なことがあったときの、気分転換の方法は？	

＜現在の会社・退職関係＞ ① 現在の会社に入った理由は？ ② 現在の会社を辞める理由は？ ③ 辞めるに当たって気がかりなことは？ ④ 辞めないように強く慰留されたら？ ⑤ 現在の会社での仕事の実績は？ ⑥ 現在の会社の良い点は？ ⑥ 現在の会社での年収は？ ⑦ 退職・転職についての家族の理解は？ ⑧ 退職・転職について、誰かに相談した？	
＜仕事・会社関係＞ ① 当社を応募した理由は？ ② 当社のイメージは？ ③ 当社に貢献できる自信は？　その理由は？ ④ ○○の仕事（募集職種）を進めていくうえで大切なことは？ ⑤ 会社生活で大事なことは何だと思う？ ⑥ 当社の属する業界の将来性・成長性についてどう考える？ ⑦ 時間外労働、休日労働についての考えは？ ⑧ 自己啓発の取組みは？ ⑨ 採用を決めたら、いつから勤務できる？	

評価項目	着　眼　点	評　価
職務知識・技術	職務遂行に必要な知識・技術のレベルは高いか	A・B・C・D
誠実さ	まじめさ、誠実さがあるか。人間的に信頼できそうか	A・B・C・D
責任感	社会人・職業人としての責任意識が感じられるか	A・B・C・D
実行力・行動力	仕事を進める強い意志があるか。行動力があるか	A・B・C・D
協調性	協調性があるか。仲間とうまくやっていけるか	A・B・C・D
熱意・意欲	働くこと・仕事をすることへの熱意・意欲が感じられるか	A・B・C・D

（評価）　A＝優れている　　B＝普通　　C＝やや劣る　　D＝劣る

人物評・面接所見

採用判定
□採用すべきである　　□採用したほうがよい □採用しないほうがよい　□採用すべきでない

面接者		面接日		月　　日

6　オンライン会議制度

(1)　オンライン会議の趣旨

①　会議の効用

　会社では、頻繁に会議が開かれます。会議は、経営方針の検討・決定、業務の指示命令、情報の伝達、情報の共有化、社内の意志の統一などを効率的に行うことができます。経営を円滑に行ううえで必要不可欠です。

　これまでは、関係者が会議室に集まって会議を開くのが一般的でした。このため、いわゆる3密状態が発生しましたが、コロナの感染を防止するためには、人の移動、対面による会話をできる限り抑制・減少させる必要があります。

②　会議のオンライン化の効用

　オンラインによる会議は、人の移動をなくすこともできれば、対面による会話を避けることもできます。また、移動に伴う時間の無駄をなくすこともできます。

　さらに、地方の事業所（工場・支店・営業所）の関係社員を東京や大阪などの本社に集めて会議を開いている場合は、交通費や宿泊費を節減できるという経費面の効果もあります。

　オンライン会議は、コロナ禍の時代、テレワークの時代、ＩＴ主体の社会にふさわしい会議の形態といえます。

図表　オンライン会議のメリット

1	3密の状態の発生を回避することができる
2	勤務地から開催場所までの往復の時間がゼロとなる
3	開催地までの出張旅費（交通費・宿泊費・日当）がかからない
4	会議の効率化を図れる
5	IT機器の有効活用を図れる

(2)　制度の内容

①　出席者への事前通知

　オンライン会議を開催するときは、会議主催部門はあらかじめメール等によって出席予定者に対して、次の事項を通知します。

　　・会議の目的
　　・会議の主要な議題
　　・会議の日時と会議をオンラインで開催する旨
　　・会議の出席予定者
　　・その他必要事項

②　会議の効率的進行

　どのような会議も、効率的に進められることが必要です。会議主催部門は、会議の効率的な進行を図るため、次の事項に留意します。

　　・司会者を特定すること
　　・議事の進行計画を立てておくこと

③　発言のルール

　発言について、次のようなルールを決めておきます。

　　・出席者が、発言するときは、あらかじめ司会者の許可を得ること

・発言は、簡潔に行うこと

　　・司会者は、発言が特定の者に集中しないように配慮すること

④　**資料の作成**

　主催部門は、会議を効率的に進行させるために資料が作成できるときは作成し、これをメール等で事前に配信しておきます。

　また、出席予定者は、事前に資料が配信されたときには、これに眼を通しておくようにしなければならないものとします。

⑶　**オンライン会議規程の作成と周知**

　オンライン会議を効率的に行うため、関係者が守るべき事項を社内規程として取りまとめ、その周知を図ります。

オンライン会議規程

（総則）

第1条　この規程は、オンラインによる会議の運営について定める。

（オンライン会議の開催）

第2条　各部門で、必要と認めるときは、オンラインによる会議を開催することができる。

2　新型コロナウイルス感染症の感染拡大が続いているときは、できる限りオンラインによる会議を開催するように努めなければならない。

（事前通知）

第3条　会議を開催するときは、あらかじめメール等によって出席予定者に対して、次の事項を通知するものとする。

　⑴　会議の目的

　⑵　会議の主要な議題

　⑶　会議の日時と会議をオンラインで開催する旨

(4)　会議の出席予定者

(5)　その他必要事項

（会議の出席者）

第4条　主催部門は、会議の出席者を議題に関係のある必要最小限の者に限定しなければならない。

（効率的進行）

第5条　会議主催部門は、会議の効率的な進行を図るため、次の事項に留意するものとする。

(1)　司会者を特定すること

(2)　議事の進行計画を立てておくこと

（発言）

第6条　出席者が発言するときは、あらかじめ司会者の許可を得なければならない。

2　発言は、簡潔に行わなければならない。

3　司会者は、発言が特定の者に集中しないように配慮しなければならない。

（資料の作成）

第7条　主催部門は、会議を効率的に進行させるため、資料を作成できるときは作成し、これをメール等で事前に配信するものとする。

2　出席予定者は、事前に資料が配信されたときは、これに眼を通しておくようにしなければならない。

（議事録の作成）

第8条　会議主催部門は、議事の進行と結果を議事録に留めておかなければならない。

（付則）

この規程は、○○年○○月○○日から施行する。

第6章

コロナ禍の業務心得・服務規律

1　営業職の服務心得

2　営業職のお客さま訪問心得

3　営業職の取引先接待心得

4　店頭販売職の業務心得

5　IT端末の使用心得

6　個人情報（お客さま情報）の取扱心得

7　会議開催の心得

8　来客者応対の心得

9　パワーハラスメントの防止

10　フリーアドレス制度

11　退職者の心得

1 営業職の服務心得

(1) 営業職服務心得作成の趣旨

① 営業職服務心得作成の趣旨

　営業社員の業務は、取引先や消費者に対して自社の商品・サービスをPRし、販売することです。社外に出て多くの人と接触するという性格上、新型コロナに感染する可能性が高くなります。

　商品・サービスの販売については、「社内から電話やメールで説明する」「資料・パンフレットを送付する」等で行うという方法もありますが、電話やメールだけ、あるいは資料・パンフレットの送付だけでは、営業の成果を上げることは難しいでしょう。取引先や消費者は、営業社員の説明を直接聞いたり、あるいは商品を実際に見たりしたうえで、購入を決意するからです。

　通常の営業活動を遂行しつつ、マスクの着用などにより感染を防止するという観点から、営業社員が守るべきことを「服務心得」として取りまとめ、その周知徹底を図ることが望ましいでしょう。

② 営業職服務心得作成の効果

　服務心得の作成により、図表に示すような効果が生じることが期待されます。

図表　営業職服務心得作成の効果

1	営業規律が維持される
2	不正・法令違反のリスクを防止できる
3	会社の社会的信用を確保できる
4	職場の規律・秩序が維持される

(2)　業務心得の内容

①　一般的な心得

　一口に「営業」といっても、その実態は、営業の形態（個人営業かチーム営業か）、取引先の性格（法人か個人か）、取引先の業種（流通業か非流通業か）、商品の内容（生産財か消費財か）等によって大きく異なります。

　業務心得の内容は、営業の実態を踏まえて決定することが必要です。一般的には、次のようなものが考えられます。

図表　営業社員の心得

- ・会社の営業方針および営業所長の指示をよく守って営業活動を行うこと
- ・会社から示された営業目標（売上・受注）を達成するために、積極的・計画的に営業に取り組むこと
- ・営業目標の達成に責任意識を持つこと
- ・お客さまに対して、明るい態度で接すること。服装、身だしなみおよび言葉遣いに注意を払うこと
- ・業務の進捗状況および結果を適宜適切に営業所長に報告すること
- ・営業報告書（営業日報、営業週報）は正確に記載すること
- ・営業について判断に迷うときは、独断専行することなく、営業所長に指示・意見を求め、その指示・意見に従って対応すること
- ・常日頃から、自分なりに営業能力の伸長および商品知識の拡充に取り組むこと。自己啓発を図ること
- ・自動車を運転するときは、交通法規を守ること。無理な運転は絶対にしないこと
- ・お客さまとの商談中はもとより、移動中もマスクを着用すること
- ・お客さまの建物の入口に消毒液が用意されているときは、手指を消毒してから建物に入ること
- ・商談中は、お客さまとの間に一定の間隔を確保すること

②　その他の心得

　このほか、次のような項目を盛り込むことも考えられます。

・お客さまとの会話において大きな声を出さないこと
・あらかじめ電話を入れてから訪問すること
・商談中は、携帯電話をマナーモードにしておくこと
・お客さまの個人情報の取扱いには十分注意を払うこと
・お客さまの個人情報は、在職中はもとより、退職後も他に漏洩しないこと
・営業活動で知り得た情報を個人的に利用しないこと
・営業情報を記録した情報通信機器を置き忘れたり、盗まれたりしないように十分注意すること
・商品の販売価格、販売条件および販売量などについて、他社と協定を結ばないこと
・法令に違反する営業行為をしないこと

(3) **業務心得の周知**

　業務心得を作成したときは、その内容を営業社員全員に周知させます。そして、心得の内容を順守して営業活動に当たるよう求めます。

＜営業社員心得の社内通知＞

　　　　　　　　　　　　　　　　　　　　　　○○年○○月○○日

　営業社員の皆さんへ

　　　　　　　　　　　　　　　　　　　　　　　　　　営業部長

　　　　　　　営業社員業務の心得について（お知らせ）

　通常の営業活動を行いつつ、新型コロナウイルスの感染を防止するという観点から、業務心得を策定しました。内容は次のとおりです。この心得を守って業務を遂行するよう、お願いします。
　　　　　　　　　　　　　　　　記
1　会社の営業方針および営業所長の指示をよく守って営業活動

を行うこと

2　会社から示された営業目標（売上・受注）を達成するために、積極的・計画的に営業に取り組むこと。営業目標の達成に責任意識を持つこと

3　お客さまに対して、明るい態度で接すること。服装、身だしなみおよび言葉遣いに注意を払うこと

4　業務の進捗状況および結果を適宜適切に営業所長に報告すること

5　営業について判断に迷うときは、独断専行することなく、営業所長に指示・意見を求め、その指示・意見に従って対応すること

6　常日頃から、自分なりに営業能力の伸長および商品知識の拡充に取り組むこと、自己啓発を図ること

7　自動車を運転するときは、交通法規を守ること。無理な運転は絶対にしないこと

8　お客さまとの商談中はもとより、移動中もマスクを着用すること

9　お客さまの建物の入口に消毒液が用意されているときは、手を消毒してから建物に入ること

10　商談中は、お客さまとの間に一定の間隔を確保すること

以上

(4)　心得遵守のセルフチェック

営業社員心得は、確実に守られることが必要です。いくら立派な心得を作成しても、それが守られていなければ何の意味もありません。

心得を作成したときは、定期的（年に1、2度）に営業社員に対して「遵守しているか」を自己点検させるのがよいでしょう。

<心得遵守のセルフチェックシート>

○その1（標準的なもの）

営業業務心得のセルフチェックシート
～心得を守っているかチェックして下さい～

（評語）　常に守っている➡A　　おおむね守っている➡B
　　　　　あまり守っていない➡C　　守っていない➡D

チェック項目	セルフチェック
1　会社の営業方針および営業所長の指示をよく守って営業活動を行うこと	A・B・C・D
2　会社から示された営業目標（売上・受注）を達成するために、積極的・計画的に営業に取り組むこと。営業目標の達成に責任意識を持つこと	A・B・C・D
3　お客さまに対して、明るい態度で接すること。服装、身だしなみおよび言葉遣いに注意を払うこと	A・B・C・D
4　業務の進捗状況および結果を適宜適切に営業所長に報告すること	A・B・C・D
5　営業について判断に迷うときは、独断専行することなく、営業所長に指示・意見を求め、その指示・意見に従って対応すること	A・B・C・D
6　常日頃から、自分なりに営業能力の伸長および商品知識の拡充に取り組むこと。自己啓発を図ること	A・B・C・D
7　自動車を運転するときは、交通法規を守ること。無理な運転は絶対にしないこと	A・B・C・D
8　お客さまとの商談中はもとより、移動中もマスクを着用すること	A・B・C・D
9　お客さまの建物の入口に消毒液が用意されているときは、手指を消毒してから建物に入ること	A・B・C・D
10　商談中は、お客さまとの間に一定の間隔を確保すること	A・B・C・D

以上

○その２（アンケート形式のもの）

服務心得遵守のセルフチェックシート
～日常の営業活動をチェックして下さい～

Ｑ１　会社の営業方針および営業所長の指示をよく守って営業活動を行っているか。
　□守っている　□おおむね守っている　□守らないことが多い
　□守っていない

Ｑ２　会社から示された営業目標（売上・受注）を達成するために、積極的・計画的に営業に取り組んでいるか。
　□取り組んでいる　□おおむね取り組んでいる
　□あまり取り組んでいない

Ｑ３　お客さまに対して、明るい態度で接しているか。服装、身だしなみおよび言葉遣いに注意を払っているか。
　□接している　□おおむね接している　□あまり接していない

Ｑ４　業務の進捗状況および結果を適宜適切に営業所長に報告しているか。
　□報告している　□おおむね報告している
　□あまり報告していない

Ｑ５　営業について判断に迷うときは、独断専行することなく、営業所長に指示・意見を求めているか。
　□求めている　□おおむね求めている　□あまり求めていない

Ｑ６　常日頃から、自分なりに営業能力の伸長および商品知識の拡充に取り組んでいるか。
　□取り組んでいる　□おおむね取り組んでいる
　□あまり取り組んでいない

Ｑ７　自動車を運転するときは、交通法規を守っているか。
　□守っている　□おおむね守っている　□あまり守っていない

Q8　お客さまとの商談中はもとより、移動中もマスクを着用し
　　ているか。
　□着用している　□おおむね着用している
　□あまり着用していない
Q9　お客さまの建物の入口に消毒液が用意されているときは、
　　手指を消毒しているか。
　□消毒している　□おおむね消毒している
　□あまり消毒していない
Q10　商談中は、お客さまとの間に一定の間隔を確保しているか。
　□確保している　□おおむね確保している
　□あまり確保していない

以上

2　営業職のお客さま訪問心得

(1)　訪問心得の趣旨

①　コロナ感染の影響

　営業社員の業務は、顧客（法人・個人）に商品を販売することです
が、その目的を達成するためには、顧客と面談することが必要です。
面談し、商品の機能、品質、取扱要領および価格等をわかりやすく、
かつ、具体的に説明します。そして、その商品を購入することが顧客
の業務の効率化や生活の利便性・快適性の向上につながることを理解
してもらいます。

　ところが、コロナ禍の下で、感染を防止するために営業社員の訪問
に消極的な顧客（特に、個人客）が増加しています。このため、顧客
への訪問が以前に比較して相当厳しくなっています。

② 顧客訪問心得の作成

新型コロナウイルスは「感染症」です。感染を心配する顧客が他人の訪問に警戒的・抑止的になるのは当然のことでしょう。

面談に消極的・否定的な顧客のところへ無理に押しかけるわけにはいきません。

顧客の訪問面談に重点を置いている会社は、顧客の訪問について一定のルールを設け、営業社員にその徹底を図ることが望ましいでしょう。

顧客（特に個人）の訪問についての心得を定めることは、営業部門にとって重要なリスクマネジメントといえます。

(2) 訪問心得の内容

訪問の一般的な心得を示すと、次のとおりです。

図表　顧客訪問の一般的な心得

・お客さまの自宅を訪問するときは、あらかじめ用件を告げたうえで、訪問について承諾を得ること。
・訪問の承諾が得られないときは、訪問を控え、資料の郵送、オンラインまたは電話による商談等に切り替えること。
・訪問について承諾が得られたときは、日時を確定すること。相手の都合に合わせて日時を決めること。
・確定した日時に訪問すること。遅れるときは、その旨告げること。
・高熱があるとき、咳が出るときなどは、「急用が生じた」旨を告げて訪問を中止し、あらためて日時を確定すること。
・面談は、お客さまとの間に一定の間隔を置いて行うこと。
・お客さまの正面を見ないよう、位置を少しずらせて着席すること。
・大きな声を出さないように注意すること。
・面談中は、マスクを着用すること。
・面談の時間が長くならないよう、商談は簡潔に行うこと。用件が終了したら速やかに退去すること。

・お客さまの家の備品、器具、家具等になるべく手を触れないようにすること。
・訪問したお客さまの氏名、訪問目的および日時等をメモしておくこと。

(3) 訪問心得の遵守対策

① 会議・朝礼での指示

営業部門では、営業会議や朝礼の場で、営業課長や営業所長が営業方針や営業目標を指示することが一般的です。

営業会議や朝礼の場において、折に触れて「お客さまの訪問については必ず心得を守ってほしい」と指示します。

② セルフチェックの実施

自らの行動を自ら顧みることは、どのような業務においても必要なことです。顧客の訪問という行為についても、同様です。

顧客訪問心得を記載したシートを営業社員に渡し、「守っているかどうか」「心得を意識して行動しているかどうか」を定期的にチェックさせます。

セルフチェックは、年1、2回程度実施するのが妥当でしょう。

＜訪問心得実施のセルフチェックシート＞

お客さま訪問心得実施のセルフチェックシート
～お客さま訪問心得を日ごろどの程度実施しているかをチェックして下さい～

（セルフチェックの評価）
A＝必ず守っている　　　　B＝だいたい守っている
C＝守らないことが多い　　D＝ほとんど守っていない

チェック項目	セルフチェック
1　お客さまの自宅を訪問するときは、あらかじめ用件を告げたうえで、訪問について承諾を得るこ	A・B・C・D

と。承諾が得られないときは、訪問を控え、資料の郵送、オンラインや電話による商談等に切り替えること	
2　訪問について承諾が得られたときは、日時を確定し、その日時に訪問すること	A・B・C・D
3　高熱があるとき、咳が出るときなどは、「急用が生じた」旨を告げて訪問を中止し、あらためて日時を確定すること	A・B・C・D
4　面談は、お客さまとの間に一定の間隔を置いて行うこと	A・B・C・D
5　お客さまの正面を見ないよう、位置を少しずらせて着席すること	A・B・C・D
6　大きな声を出さないように注意すること	A・B・C・D
7　面談中は、マスクを着用すること	A・B・C・D
8　面談の時間が長くならないよう、商談は簡潔に行うこと。用件が終了したら速やかに退去すること	A・B・C・D
9　お客さまの家の備品、器具、家具等になるべく手を触れないようにすること	A・B・C・D
10　訪問したお客さまの氏名、訪問目的および日時等をメモしておくこと	A・B・C・D
	以上

3　営業職の取引先接待心得

(1)　接待事情の変化

①　接待の効用

　会社にとって、取引先（原材料・商品等の仕入先・販売先等）の存在は、きわめて重要です。取引先があるからこそ、会社の経営が成立します。したがって、取引先との間で円滑な関係を構築・維持することが求められます。

取引先との円滑な関係を構築・維持する方法には、さまざまなものがありますが、飲食による接待も重要な手段です。取引先の関係者と飲食をともにすることで、円満な関係を形成することができます。また、打ち解けた雰囲気のなかでの会話により、重要なビジネス情報を入手することもできます。

② 　コロナ禍と接待事情

　ところが、新型コロナウイルスの感染拡大以降、接待事情に大きな変化が生じています。それは、「接待を伴う飲食店での感染」「会食による感染」がマスメディアで大きく報道されるなかで、接待に慎重な姿勢を見せる関係者が増えたことです。今までは接待の申し出に快く応じたビジネス関係者が慎重な態度を取るようになりました。感染拡大時に広く行われた飲食店の営業自粛や営業時間の短縮が、このような動きに拍車をかけることとなりました。

　会社は、このような接待事情・接待環境の変化に適切に対応することが必要です。接待について一定の基準を定め、その基準の周知徹底を図ることが望ましいでしょう。

(2)　接待心得の内容

① 　一般的な心得

　接待の一般的な心得を取りまとめると、図表のとおりです。

図表　接待の一般的な心得

- ・接待については、相手の意向に十分配慮すること。相手が固辞する場合には、接待を差し控えること
- ・接待する場合、その日時は相手の意向を聞いて設定すること
- ・飲食店は、感染防止対策を施している店を利用すること
- ・出席者について、一定の間隔を確保すること。密接しないように座ること

・お酌、回し飲みは、絶対にしないこと
・食事中は大きな声を出さないようにすること。食事をしている
　ときは、話をしないこと
・接待が長時間に及ばないようにすること。飲食の時間は、おお
　むね2時間を上限とすること
・二次会、三次会は控えること
・接待の日時、場所、出席者の氏名等を記録しておくこと

② その他の心得

　このほか、次の項目を盛り込むことも考えらます。
・大幅な感染拡大が続いているときは、接待を自粛すること
・自治体から飲食店に対して営業時間の短縮要請が出されている期
　間は、接待を控えること
・飲食が始まるまでは、マスクを着用していること
・飲食中、みだりに席を移動しないこと。他の人と密接にならない
　こと
・店内が清潔な店を利用すること

(3) 役職者への通知

　一般的に、取引先の接待は役職者が決定します。そこで、役職者に
対して接待心得の趣旨と内容を知らせ、それを遵守するように求めま
す。

＜接待心得の役職者への通知＞

○○年○○月○○日

役職者各位

営業部長

取引先の接待について（お知らせ）

　新型コロナの感染が長期化するなかで、飲食による接待に慎重な取引先が出ています。このため、接待については、次のことに努めるよう、お願いします。

記

1　接待については、相手の意向に十分配慮すること。相手が固辞する場合には、接待を差し控えること
2　飲食店は、感染防止対策を施している店を利用すること
3　出席者について、一定の間隔を確保すること。密接にならないように座ること
4　お酌、回し飲みは、絶対にしないこと
5　大きな声を出さないようにすること。食事をしているときは、話をしないこと
6　飲食の時間は、おおむね2時間を上限とすること
7　二次会、三次会は控えること
8　接待の日時、場所、出席者の氏名等を記録しておくこと

以上

4　店頭販売職の業務心得

(1)　業務心得策定の趣旨

　百貨店、スーパー、コンビニ、小売店などで消費者に商品を直接販売する販売職は、「多くの消費者（お客さま）と身近な距離で接する」という性格を持っています。このような性格上、他の職種と比較して、新型コロナウイルスに感染する可能性が高くなります。

　店頭販売職のコロナ感染を防ぐためには、

・店舗としての感染防止対策

・社員の感染防止対策

の2つが必要です。

　店舗での対策として、「入口に消毒液を置く」「入口で消費者の体温を測定する」などさまざまな措置が講じられていますが、それと並んで、社員が守るべきことを「服務心得」として取りまとめ、その周知徹底を図ることが必要です。

⑵　**服務心得の内容**

①　**一般的な心得**

　一般的な心得を示すと、図表のとおりになります。

図表　店頭販売職の一般的な心得

> ・業務マニュアルと上司の指示命令をよく守って、販売業務を行うこと。判断に迷うときは、上司の指示を求めること。
> ・指示された業務を最後まで責任をもってやり終えること。販売職としての責任を意識して仕事に当たること。
> ・お客さまに対して、礼儀正しく、明るい態度で接すること。良い印象を持たれるように努めること。
> ・遅刻、早退および欠勤をしないこと。やむを得ない事情で遅刻、早退または欠勤をするときは、あらかじめ会社に連絡すること。
> ・無断欠勤をしないこと。
> ・仕事を少しでも早く、少しでも多く処理できるように、日々努力すること。
> ・業務の効率化、職務遂行能力の向上に努めること。
> ・お客さまに少しでも多く喜んでもらえるサービスができるように努めること。
> ・職場に入場するとき、売り場に立つときは、あらためて服装・身だしなみ、ネームプレートの着用を点検すること。
> ・職場に入場するときは、所定の場所で手指を消毒すること。

- 勤務中は、マスク、手袋を着用すること。
- マスクをしていないお客さまに対して、不愉快な表情を見せないこと。
- お客さまから「店のコロナ防止対策が不十分である」「店員のサービスが良くない」などとクレームを言われても、「申し訳ありません」と謝罪すること。感情的になって、反論しないこと。

② その他の項目

このほか、次の項目を盛り込むことも考えられます。

- 社（店）内では大きな声を出さないこと
- 他の社員とお客さまの個人的な話をしないこと
- 業務を通して知り得たお客さまの個人情報を第三者に話さないこと
- 高齢者を差別的に取り扱わないこと
- お客さまの気持ちに寄り添って業務を遂行すること
- 熱があるとき、体調が良くないときは、勤務を控えること

(3) 服務心得の社員への通知

服務心得を作成したときは、社員にその内容を知らせ、心得を守って業務に精励するように求めます。

＜社員への通知＞

○○年○○月○○日

販売職の皆さんへ

販売部長

服務心得の策定について（お知らせ）

会社の販売目標の達成を図りつつ、新型コロナの感染を防止するため、「服務心得」を策定しました。この心得を守って業務を遂行するよう、お願いします。

記
1　業務マニュアルと上司の指示命令をよく守って、販売業務を行うこと
2　指示された業務を最後まで責任をもってやり終えること。販売職としての責任を意識して仕事に当たること
3　お客さまに対して、礼儀正しく、明るい態度で接すること
4　遅刻、早退および欠勤をしないこと。やむを得ない事情で遅刻、早退または欠勤をするときは、あらかじめ会社に連絡すること
5　仕事を少しでも早く、少しでも多く処理できるように、日々自分なりに努力すること
6　お客さまに少しでも多く喜んでもらえるサービスができるように、日々努めること
7　職場に入場するときは、服装・身だしなみを点検したうえで、所定の場所で手指を消毒すること
8　勤務中は、マスク、手袋を着用すること
9　マスクをしていないお客さまに対して、不愉快な表情を見せないこと
10　お客さまから「店のコロナ防止対策が不十分である」「店員のサービスが良くない」などと言われたときは、「申し訳ありません」と謝罪すること。感情的になって、反論しないこと

以上

(4)　心得遵守のセルフチェック

　服務心得は、社員によって遵守されることが必要です。心得の遵守度を高めるため、定期的（例えば、年に1，2回程度）に、社員自身に「どの程度守っているか」をチェックさせるのがよいでしょう。

＜服務心得遵守のチェックシート＞

服務心得遵守のセルフチェックシート
～日ごろの態度、行動、心構えをチェックして下さい～

○チェックの評語

1＝必ず守っている　　　2＝だいたい守っている

3＝守らないことが多い　　4＝守っていない

チェック項目	セルフチェック
1　業務マニュアルと上司の指示命令をよく守って販売業務を行うこと	1・2・3・4
2　指示された業務を最後まで責任をもってやり終えること。販売職としての責任を意識して仕事に当たること	1・2・3・4
3　お客さまに対して、礼儀正しく、明るい態度で接すること	1・2・3・4
4　遅刻、早退および欠勤をしないこと。やむを得ない事情で遅刻、早退または欠勤をするときは、あらかじめ会社に連絡すること	1・2・3・4
5　仕事を少しでも早く、少しでも多く処理できるように、日々自分なりに努力すること	1・2・3・4
6　お客さまに少しでも多く喜んでもらえるサービスができるように、日々努めること	1・2・3・4
7　職場に入場するときは、服装・身だしなみを点検したうえで、所定の場所で手指を消毒すること	1・2・3・4
8　勤務中は、マスク、手袋を着用すること	1・2・3・4
9　マスクをしていないお客さまに対して、不愉快な表情を見せないこと	1・2・3・4
10　お客さまから「店のコロナ防止対策が不十分だ」などとクレームを言われても、感情的になって反論しないこと	1・2・3・4

5　IT端末の使用心得

⑴　IT端末使用規則（利用心得）作成の趣旨

　会社では、事務系、営業系、技術系およびシステム系の職場を中心として、多くの業務においてIT端末（パソコン・スマートフォンなど）が使用されています。社員1人に1台のパソコンまたはスマートフォンあるいはその両方が配置されています。

　IT端末は、業務の効率化、業務の統一的処理に必要不可欠ですが、その取扱いが適切でないと、私的使用が蔓延し、職場の服務規律が低下します。また、会社の機密情報が漏洩し、競争力が失われる危機に見舞われることもあります。

　IT端末の利用度合いが高い会社は、その取扱基準または使用心得を明確にしておくことが必要です。

⑵　使用心得の内容

①　IT端末の貸与

　会社の業務は、会社が所有する機器を使用して行うのが原則です。会社の業務を社員の個人的な所有物で処理するのは正常な姿ではありません。このため、業務においてIT端末（パソコン・スマートフォン）を使用するすべての社員に対して、会社所有のIT端末を貸与します。

②　IT端末の使用の原則

　社員に対して、会社から貸与されたIT端末は業務のために限って使用することを義務づけます。

③　私有IT端末の業務使用の禁止

　会社のなかには、社員が個人的に所有するIT端末を業務において使用することを認めているところがありますが、個人所有の端末の業務使用については、

・機密情報が流出する

・ウイルスの感染防止が難しい

・盗難や紛失の際の対処に手間がかかる

などの問題があります。このため、社員が私有のIT端末を業務において使用することを禁止します。

④　使用状況のモニタリング

　IT端末の適正な使用を確認するため、次のものについてモニタリングを行います。

図表　使用状況のモニタリング

対　象	モニタリング事項
インターネット接続状況	①　閲覧先 ②　閲覧時間 ③　閲覧回数 ④　その他
電子メールの送受信	
機器の操作状況	①　ソフトウェアのインストール状況 ②　USB等の外部機器の接続状況 ③　ソフトウェアの使用状況 ④　その他
電子メールの送信内容	
SNSの利用状況	
SNSへの投稿内容	

⑤　不正使用の懲戒処分

　IT端末が業務以外のために、不正・不適切に利用されることがあります。

　例えば、

・株の取引

・私的なメールの送信

　　・機密データの持ち出し

などです。

　不正に使用した者に対しては、その情状に応じて、口頭注意、戒告、減給等の懲戒処分を行います。

⑥　損害賠償の請求

　社員が故意または重大な過失によって会社のIT端末を損傷させたとき、または盗まれたときは、その損害を賠償させます。

⑶　IT端末業務使用規則の作成

　IT端末の業務使用について、一定の規則を作成することが望ましいでしょう。規則の例を示すと、以下のとおりです。

IT端末業務使用規則

　1　IT端末の貸与

　会社は、業務においてIT端末（パソコン・スマートフォン）を使用するすべての社員に対して、IT端末を貸与する。

　2　IT端末の使用の原則

　社員に対して、会社から貸与されたIT端末は業務のために限って使用することを義務づける。

　3　私有IT端末の業務使用の禁止

　社員が私有のIT端末を業務において使用することを禁止する。

　4　通信費の負担

　IT端末の使用に係る費用は会社が負担する。

　5　使用状況のモニタリング

　会社は、IT端末の適正な使用を確認するため、次のものについてモニタリングを行う。

　⑴　インターネット接続状況

　　①　閲覧先

---

②　閲覧時間

③　閲覧回数

④　その他

(2)　電子メールの送受信

(3)　機器の操作状況

①　ソフトウェアのインストール状況

②　USB等の外部機器の接続状況

③　ソフトウェアの使用状況

④　その他

(4)　電子メールの送信内容

6　不正使用の懲戒処分

　IT端末を不正に使用した者に対しては、その情状に応じて懲戒処分を行う。

7　損害賠償の請求

　社員が故意または重大な過失によって会社のIT端末を損傷させたとき、または盗まれたときは、その損害を賠償させる。

（付則）

この規則は、○○年○○月○○日から施行する。

6　個人情報（お客さま情報）の取扱心得

(1)　個人情報取扱心得作成の趣旨

　会社にとって、顧客の個人情報（氏名、住所、性別、年齢、その他）はきわめて重要です。個人情報を活用することにより、顧客サービスの向上、売上げの増加、新商品の開発を図ることが可能となります。

　個人情報保護法は、個人情報を取り扱う会社に対して個人情報の適切な管理を求めていますが、現実には、目的外の使用、第三者への提

供、外部への流出などのさまざまな問題が生じています。

　個人情報は、顧客のプライバシーと深く結び付いています。したがって、顧客は個人情報の不正利用、外部への流出に対してセンシティブです。不祥事が生じると、会社の社会的信用は著しく低下し、その後の経営に影響を与えます。

　会社は、顧客の個人情報の取扱いについて社員が守るべき事項を取りまとめ、その周知徹底を図ることが望ましいでしょう。

(2)　心得の内容

　「心得」に盛り込むべき主な事項は、一般的には次のものです。
 ・個人情報の取得の手続き
 ・個人情報の利用の原則
 ・第三者への漏洩の禁止
 ・業務に関係のない目的での個人情報ファイルの閲覧等の禁止
 ・個人情報が記載、記録されている媒体の社外への持ち出しの手続き
 ・個人情報が外部へ流出したと判断される場合の対応
 ・心得に違反した場合の懲戒処分

(3)　心得の通知

　「取扱心得」を作成したときは、その内容を社員に知らせ、心得に沿って個人情報を適切に取り扱うように求めます。

＜社員への通知＞

　　　　　　　　　　　　　　　　　　　　○○年○○月○○日
　社員の皆さんへ

　　　　　　　　　　　　　　　　　　　　　　　　取締役社長

　　　お客さまの個人情報の取扱心得について（お知らせ）

お客さまの個人情報は、会社にとって重要な財産です。個人情報は、お客さまのプライバシーと深くかかわっているため、個人情報保護法の定めるところにより慎重に取り扱うことが必要です。このため、このほど「お客さま個人情報取扱心得」を作成しました。その内容は、別紙のとおりです。

　心得を守って個人情報を取り扱うよう、お願いします。

以上

（別紙）

お客さま個人情報取扱心得

1　個人情報の取得

　お客さまの個人情報は、利用目的（商品の発送、DMの送付、販売方針の決定、その他）を明確にお知らせしたうえで、お客さまから直接取得すること

2　取得してはならない情報

　次の情報は、取得してはならない。

(1)　宗教に関すること

(2)　支持政党に関すること

(3)　思想・信条に関すること

(4)　その他基本的人権に関すること

3　個人情報の利用

　お客さまから取得した個人情報は、業務においてのみ利用すること

4　第三者への漏洩の禁止

　業務上知ることのできた個人情報は、在職中はもとより退職後も他に漏洩してはならない。

5　業務外の閲覧等の禁止

　お客さまの個人情報について、次のことをしてはならない。

(1)　業務以外の目的で利用すること

(2)　内容を勝手に改ざんすること

(3)　個人的な目的で個人情報ファイルを閲覧、プリントアウト

　　　すること
　(4)　個人情報を利用して個人的に利益を得ること
　(5)　業務に関係のない者に提供すること
　(6)　個人の判断で消去、抹消、廃棄すること
6　社外への持ち出し
　(1)　個人情報が記載または記録されている媒体（ペーパー、
　　　ディスク、USB、その他）を社外へ持ち出すときは、あら
　　　かじめ個人情報取扱責任者（営業部長）に申し出て、その
　　　許可を得ること
　(2)　個人情報が記載または記録されている媒体を社外へ持ち出
　　　したときは、盗難、紛失、置き忘れに十分注意すること
7　漏洩情報の通報
　会社が管理している個人情報が外部に流失していると判断され
るときは、直ちに個人情報取扱責任者に通報すること
8　懲戒処分
　(1)　社員がこの心得に違反したときは、就業規則の定めるとこ
　　　ろにより、懲戒処分の対象となること
　(2)　この心得に違反した場合、「心得の存在を知らなかった」
　　　という釈明は通用しないこと
（付則）
この心得は、○○年○○月○○日から施行する。

　　　　　　　　　　　　　　　　　　　　　　　　　　以上

7　会議開催の心得

⑴　会議開催心得の趣旨

　経営を円滑に進めていくうえで会議は必要不可欠です。

　会議は、経営への参加意識を高め、勤労意欲を向上させるという効
果もあります。会議によって、「全員参加型の経営」が実現します。

　しかし、会議は1つの部屋に多くの社員が集まって開かれるため、
いわゆる「3密」の状況が形成されます。コロナ感染防止という観点

からしますと、参加者が多ければ多いほど、また、会議の時間が長くなればなるほど、「要注意」となります。

　コロナ禍の下では、会議について一定のルールを定め、そのルールに従って会議が開かれるようにすることが望ましいでしょう。

⑵　会議開催ルールの内容

　会議の一般的なルールを取りまとめると、図表のとおりです。

図表　会議の心得

・会議を開催するときは、あらためてその目的と必要性を確認すること。目的が明確でない会議、必要性の低い会議は開催しないこと
・会議の開催目的を踏まえて、参加者を合理的に決めること
・参加者は、必要最小限に絞ること
・あらかじめ議事進行の順序を決め、その順序に従って、会議を効率的に進め、所要時間の短縮に努めること
・会議の時間は、原則として2時間以内とすること
・参加者に対して、開始時刻および終了予定時刻を通知しておくこと
・できる限り会議に必要な資料、データ、書面を作成のうえ、事前配布し、会議進行の効率化を図ること
・開始前に参加者に対して、「発言は、司会者の許可を得て行うこと」「発言は、簡潔に行うこと」および「大きな声を出さないこと」を求めること
・参加者に対してマスクの着用を求めること
・参加者が密接しないよう、席と席との間に一定の間隔を確保するように努めること。また、テーブルの向かいの参加者と顔が直接向き合うことのないよう、席を1つ以上ずらすように配慮すること
・会議室の換気に努めること
・終了予定時刻前であっても、議事がすべて終了したら直ちに散会すること。散会するときは、会議室を元の状態に戻しておくこと

(3)　役職者への通知

　会議の招集や開催は、一般に役職者の判断で行われます。このため、役職者に対して心得の内容を通知し、心得に沿って会議を主催・運営するように求めましょう。

8　来客者応対の心得

(1)　心得策定の趣旨・周知

　会社には、多くの来客者があります。

　取引先の社員が商品の販売や販売キャンペーンの打ち合わせのために来社することもあれば、新しい会社が商品・サービスの売り込みに訪れることもあります。他にもマスコミが業績の取材に来ることもあれば、社会福祉団体・スポーツ団体・文化団体の役員が寄付を求めにやってくるケースもあります。

　来客者が多くなればなるほど、新型コロナウイルスに感染する可能性が高くなります。感染を少しでも防止するという観点からすると、来客者の応対について一定の基準（応対心得）を定めるのが望ましいでしょう。

(2)　心得の内容

　コロナの感染の防止、職場の静かな環境の保持、情報の漏洩の防止などの観点からすると、来客の応対は特定の部屋（応接室、会議室）で行うのがよいでしょう。また、来客に応対する社員の人数は必要最小限に留めるとともに、応対時間もできる限り短くするように努めます。

　一般的な応対のルールを示すと、図表のとおりです。

図表　来客応対の心得

- 来客者の応対は、応接室で行うこと
- 応対は、マナーを守り礼儀正しく行うこと
- 職場スペースには、来客者を案内しないこと
- 応対する社員は、必要最小限に留めること
- 必ずマスクを着用して応対すること
- 来客者とは、テーブルをはさんで向き合うこと。その際、向かい側の来客者とは顔と顔が直接対面しないよう、席をずらせて座ること
- 応対が長くならないよう、話は簡潔に行うこと（話が長くなることが見込まれるときは、「次の予定があるので、○時○分までにしてほしい」と伝える）
- 応対時間は、おおむね30分を限度とすること。ただし、取引先については、この限りではない
- 大きな声を出さないこと
- 換気に努めること
- 応対が済んだときは、応接室を元の状態に戻しておくこと。応接室に持ち込んだ書類・物品はすべて片付けること
- 来客者の氏名、応対の日時を記録しておくこと

(3)　心得の通知

　「応対心得」を作成したときは、その内容を社員に周知し、心得に沿って応対するように求めます。

9　パワーハラスメントの防止

(1)　コロナ禍とパワーハラスメント

①　職場とパワーハラスメント

　職務上の地位や人間関係の優位性を利用した、他の社員への嫌がらせをパワーハラスメント（以下、パワハラ）といいます。

　パワハラの典型は役職者による部下への叱責です。日ごろの行動や

態度、性格が気に入らない部下や自分に批判的な部下に対して、必要以上に厳しい態度で接して、仕事を与えないとか、逆に過酷なほどの仕事を押し付けたりします。

　パワハラは、他の社員に恐怖感、圧迫感、嫌悪感、不快感を与え、職場全体の環境を悪くする行動です。被害者の社員がノイローゼになり、休職・退職に追い込まれることも少なくありません。場合によっては、「死」を選択することもあります。

② **コロナ禍と職場**

　コロナ禍では、

　・移動の制限、営業時間の短縮などによる経済の停滞の影響で業績が低迷する

　・感染への警戒感が広がる

などにより、職場に閉塞感が強くなります。その結果、ストレスなどにより、パワハラが発生しやすくなります。しかし、パワハラは「経営環境が厳しいから」とか、あるいは「部下・後輩を育てるため」という理由で許されるものではありません。パワハラは、被害者の人格と名誉と人間性を否定する行為です。

　会社は、パワハラの防止に組織的・積極的に取り組まなければなりません。

⑵ **パワハラ防止規程の内容**

① **禁止事項の明示**

　社員に対して、職務上の地位や人間関係を利用して、「他の社員に暴言を吐いたり、大声で叱責したりすること」「部下に過度に仕事を与えること」「部下に仕事を与えないこと」「職場において無視すること」などのパワハラ行為を禁止します。

② **会社への通報**

　パワハラに気づくのは、被害者かその同僚です。このため、社員に

対して、職場においてパワハラを受けたとき、または見たときは、その具体的な内容を会社に通報することを求めます。通報は、口頭、文書、電話、メール、FAXなどと、その方法は問わないものとします。

③　事実関係の調査

　会社は、社員からパワハラの通報があったときは、迅速かつ正確に事実関係を調査します。

④　懲戒処分等の措置

　事実関係の調査によってパワハラが行われたことが確認されたときは、再発を防止するため、懲戒処分等の措置を講じます。

(3)　パワハラ防止規程

　パワハラ防止規程の例を示すと、次のとおりです。

パワーハラスメント防止規程

（総則）

第1条　この規程は、パワーハラスメント（以下、パワハラ）の防止について定める。

2　「パワハラ」とは、職務上の地位や人間関係を利用した、他の社員への嫌がらせをいう。

（パワハラの禁止）

第2条　社員は、職務上の地位や人間関係を利用して、他の社員に対して次に掲げることをしてはならない。

　⑴　暴言を吐いたり、大声で叱責したりすること

　⑵　過度に仕事を与えること

　⑶　仕事を与えないこと

　⑷　職場において無視すること

　⑸　私的なことに過度に立ち入ること

　⑹　暴力を振るうこと

---

　(7)　その他前各号に準ずること

(役職者の責務)

第3条　役職者は、自らパワハラをしてはならないことはもとより、所管する部門においてパワハラが生じないよう、部下をよく指導しなければならない。

(黙認の禁止)

第4条　社員は、他の社員がパワハラをしていることを黙認してはならない。中止するように注意しなければならない。

(パワハラの相談)

第5条　社員は、会社に対して、いつでもパワハラの相談をすることができる。

2　相談の窓口は、人事課とする。

(会社への通報)

第6条　社員は、職場においてパワハラを受けたとき、または見たときは、直ちにその具体的な内容を会社に通報しなければならない。

2　通報は、口頭、文書、電話、メール、FAXなどと、その方法は問わないものとする。

3　通報は、匿名でも差し支えないものとする。

(事実関係の調査)

第7条　会社は、社員からパワハラの通報があったときは、迅速かつ正確に事実関係を調査する。

2　調査は、被害者および加害者の双方から話を聞くことによって行う。双方の意見が一致しないときは、第三者の話を聞くものとする。

(懲戒処分等)

第8条　会社は、事実関係の調査によってパワハラが行われたこ

とが確認されたときは、再発を防止するため、次の措置を講ず
る。
(1)　加害者の懲戒処分
(2)　加害者または被害者の配置転換
(3)　その他
（報復行為の禁止）
第11条　パワハラをした者は、その事実を会社に通報した者に対
して、通報したことを理由として報復行為をしてはならない。
（付則）
この規程は、○○年○○月○○日から施行する。

10　フリーアドレス制度

(1)　フリーアドレス制の趣旨

①　変化する働き方

　新型コロナ感染防止や働き方変革を目的として、テレワーク（リ
モートワーク・在宅勤務）やモバイルワーク（直行直帰）を実施する
会社が増加しています。政府や自治体も、コロナ感染防止を図るため、
テレワークの実施を推奨しています。

　テレワーク・モバイルワークを実施すると、オフィスで働く社員は
大幅に減少します。

　一方、IT端末を主体とする働き方が主流になります。机の上に書
類や資料を積み上げて、筆記具で紙媒体に文字や数値を書き連ねると
いうオフィスの光景は、大きく変貌します。

②　フリーアドレス制とは

　これまでは、社員各自に机を配備するのが一般的なビジネスモデル
でした。社員の数だけ机があり、椅子がありました。机は社員にとっ

て仕事の城であり、労働の場でありました。

　しかし、今や社員一人ひとりに机を配備する必要性はなくなってきています。一定の働く場所・スペース（ワークステーション）を用意すれば済む時代になってきています。社員は、仕事をするときは、ワークステーションの好きなところにパソコンを置き、ポケットにスマートフォンがあれば、仕事ができます。

　共有・共同使用の机や椅子を用意し、社員に自由に使用させる方式を「フリーアドレス制」といいます。

③　フリーアドレス制の効果

　日本の都市のオフィスの賃貸料は、アメリカやヨーロッパ諸国と比較して割高といわれます。しかし、フリーアドレス制を実施し、机をシェア方式にすれば、高い賃料を大幅に節減することができます。

　また、会社経営において「本社をどこに置くか」はきわめて重要ですが、フリーアドレス制を採用する場合、財政力・経済力の弱い中小の会社でも、都心の一等地にオフィスを置くことが可能です。

　フリーアドレス制は、新しい時代、新しい働き方、合理的な価値観に対応した、新しいオフィスモデルといえます。

図表　フリーアドレス制の効果

①　限られたスペースを有効に活用できる。
②　オフィスの賃料を節減できる。
③　新しい働き方を促進できる。古い仕事のやり方を変えることができる。
④　テレワークの流れに対応できる。
⑤　経済力の乏しい会社でも都心に進出することができる。

(2)　**ワークステーション使用の心得**

　社員は、ワークステーションでIT端末（パソコン等）を使って業

務を遂行します。業務を終えたときは、使ったIT端末を自己のロッカーや棚などに収納して帰ります。

　ワークステーションは「共同の作業スペース」ですから、大声を出したり、食べ物を食べるなどの行為は控えることが必要です。

　ワークステーションでの一般的な心得を取りまとめると、図表のとおりです。

　会社は、社員に対してこれらの心得を守るように求めましょう。

図表　ワークステーションの使用心得

1	必要以上に広いスペースを占有しないこと。
2	整理整頓に努めること。
3	業務を終えたときは、使用したパソコン等を自己のロッカーに収納して帰宅すること。
4	大声を出したり、他の社員に話しかけたりするなど、他の社員の業務の障害になることをしないこと。
5	スマートフォン、携帯電話はマナーモードに設定し、会話は室外ですること。
6	室内にいるときは、マスクを着用すること。
7	業務に関係のない私物をワークステーションに持ち込まないこと。
8	来客をワークステーションに入れないこと。
9	業務を終えたときは、速やかにワークステーションを離れること。
10	その他、ワークステーションが「社員共同の仕事の場」であることを意識して行動すること。

⑶　セルフチェックの実施

　はじめは高い意識を持って行動していても、時が経過するにつれて意識が低下していきます。これは、どのようなことについてもいえま

す。

　ワークステーションの使用についても、あてはまります。はじめは、「必要以上のスペースを占有しない」「業務に関係のない私物を持ち込まない」などのルールを守っていても、時が経過するにつれて意識が薄れ、ルール違反を繰り返すようになります。

　意識の低下を防ぎ、常にワークステーションの使用ルールが守られるようにするためには、半年に1度程度のルールの順守状況を自己チェックさせるのがよいでしょう。

＜ワークステーション使用心得のセルフチェックシート＞

ワークステーション使用心得のセルフチェックシート
～日ごろ使用心得をどの程度守っているかをチェックして下さい～

Q1　必要以上に広いスペースを占有しないようにしているか。
　　□常にそうしている　　□おおむねそうしている
　　□あまりしていない　　□まったくしていない

Q2　ワークステーションの整理整頓に努めているか。
　　□常に努めている　　　□おおむね努めている
　　□あまり努めていない　□まったく努めていない

Q3　業務を終えたときは、使用したパソコン等を自己のロッカーに収納しているか。
　　□常にそうしている　　□おおむねそうしている
　　□あまりしていない　　□まったくしていない

Q4　大声を出したり、他の社員に話しかけたりするなど、他の社員の業務の障害になることをしないようにしているか。
　　□常にそうしている　　□おおむねそうしている
　　□あまりしていない　　□まったくしていない

Q5　スマートフォン、携帯電話はマナーモードに設定し、会話
　　は室外でしているか。
　　　□常にそうしている　□おおむねそうしている
　　　□あまりしていない　□まったくしていない
Q6　室内にいるときは、マスクを着用しているか。
　　　□常にそうしている　□おおむねそうしている
　　　□あまりしていない　□まったくしていない
Q7　業務に関係のない私物をワークステーションに持ち込まな
　　いようにしているか。
　　　□常にそうしている　□おおむねそうしている
　　　□あまりしていない　□まったくしていない
Q8　来客をワークステーションに入れないようにしているか。
　　　□常にそうしている　□おおむねそうしている
　　　□あまりしていない　□まったくしていない
Q9　業務を終えたときは、速やかにワークステーションを離れ
　　ているか。
　　　□常にそうしている　□おおむねそうしている
　　　□あまりしていない　□まったくしていない
Q10　その他、ワークステーションが「社員共同の仕事の場」で
　　あることを意識して行動しているか。
　　　□常にそうしている　□おおむねそうしている
　　　□あまりしていない　□まったくしていない

以上

218

11　退職者の心得

⑴　退職者心得作成の趣旨

　退職の理由には定年、死亡、休職期間満了などのさまざまなものがありますが、最も多いのは自己都合退職でしょう。

　自己都合退職については、

・突然退職を申し出る

・後任者との引継ぎを行わない

・退職後ライバル会社に再就職する

・在職中に知り得た重要な経営情報を漏洩する

など、各種の問題があります。

　会社は、退職に伴う問題の発生を防ぐため、退職者が守るべきことを「心得」として取りまとめ、その周知を図ることが望ましいでしょう。

⑵　心得の内容

①　退職の申し出

　ある日突然、社員に退職されると業務に支障が生じます。会社としては後任を採用しなければなりませんが、募集・採用には、募集条件（応募資格、給与、その他）の決定➡求人広告の作成・出稿（あるいはハローワークへの求人票の提出）➡応募の受け付け➡書類選考➡選考面接の実施➡採否の決定➡応募者への採否の通知などのステップを踏まなければならないので、相当の手間と時間がかかります。

　また、募集すれば必ず適任者を採用できるというわけでもありません。2度、3度求人広告を出しても、適任者を採用できないこともあります。

　一方、民法では「当事者が雇用の期間を定めなかったときは、各当事者は、いつでも解約の申入れをすることができる。この場合におい

て、雇用は、解約の申入れの日から2週間を経過することによって終了する」（第627条）と定めています。つまり、社員は、退職を申し出てから14日間は会社で働く義務を負っています。

このため、社員に対して、自己都合退職の申し出は退職日の14日前までに行うことを求めています。

② 退職者の遵守事項

業務の引継ぎや、会社からの貸与品（パソコン、スマートフォン、制服、その他）の返還など、退職者が遵守すべきことを定めます。例えば、図表のとおりです。

また退職者がこれらのことを守らないときは、退職金の不支給または減額等の措置を講じるものとします。

図表　退職者の遵守事項

```
・退職日まで通常どおり勤務すること
・業務の引継ぎを行うこと
・会社からの貸与品があるときは、退職日までに返還すること
・使用したデスクの中、ロッカー等を完全に整理し、私物を残さな
　いこと
・退職について他の社員を勧誘しないこと
```

③ 重要情報・個人情報の口外禁止

在職中に知り得た会社の重要情報およびお客さまの個人情報を口外することを禁止します。

④ 競合会社への再就職

退職者が退職後すぐにライバル会社に再就職すると、「営業情報・技術情報が漏洩する」「取引先を奪われる」などの問題が生じる可能性があります。そこで、退職後一定期間は、会社と競合する会社に再就職しないこと、または事業を始めないことを求めます。

会社の立場からすると、ライバル会社への再就職は永久に禁止したいところですが、退職者には「職業選択の自由」があります。このた

め、禁止期間は1、2年程度とするのが適切でしょう。

⑤ 誓約書の提出

　次の者に対しては、退職時に次の事項を誓約する書面の提出を求めます。

　・課長以上の役職者

　・専門的知識を必要とする業務に就いていた者

（誓約事項）

　(1) 退職後2年間は、会社の許可を得ることなく同業他社に再就職しないこと

　(2) 在職中に知り得た経営上の重要事項を第三者に口外しないこと

様式例　退職時の誓約書

```
                                        ○○年○○月○○日
取締役社長○○○○殿
                                        ○○部○○課○○○○

                          誓約書

　退職に当たり、次のことを誓約いたします。
　(1) 退職後2年間は、会社の許可を得ることなく同業他社に再
　　　就職しないこと
　(2) 在職中に知り得た経営上の重要事項を第三者に口外しない
　　　こと

                                                    以上
```

(3) **退職者心得の作成**

　退職者心得を作成し、その周知を図る。

―――――――――**退職者心得**―――――――――

　1　退職届の提出と提出期限

　　自己都合で退職するときは、退職日の14日前までに退職届を提

出すること。

2　業務の引継ぎ

会社が指定した者との間で業務の引継ぎを行うこと。

3　貸与品の返却等

(1)　会社からの貸与品があるときは、退職日までに返還すること。

(2)　使用したデスクの中、ロッカー等を完全に整理し、私物を残さないこと。

(3)　退職について他の社員を勧誘しないこと。

4　重要情報・個人情報の口外禁止

在職中に知り得た会社の重要情報およびお客さまの個人情報を口外しないこと。

5　競合会社への再就職

退職後2年間は、会社と競合する会社に再就職しないこと、または事業を始めないこと。

6　誓約書の提出

次の者は、退職時に、次の事項を誓約する書面を提出しなければならない。

(1)　課長以上の役職者

(2)　専門的知識を必要とする業務に就いていた者

(3)　その他会社が必要と認めた者

(誓約事項)

(1)　退職後2年間は、会社の許可を得ることなく同業他社に再就職しないこと

(2)　在職中に知り得た経営上の重要事項を第三者に口外しないこと

7　退職金の取扱い

　社員がこの心得に違反したときは、退職金について、支給日の先送り、支給額の減額、退職金の不支給、または支給した退職金の返還請求の措置を講じる。

（施行）

この心得は、〇〇年〇〇月〇〇日から施行する。

第7章

コロナ禍の通勤

1　マイカー通勤制度

2　自転車通勤制度

3　一駅てくてく運動制度

1　マイカー通勤制度

(1)　コロナ禍とマイカー通勤

①　3密への不安

　新型コロナ感染を防止するためには、3密を少しでも緩和・解消、あるいは回避する必要があります。

　3密の代表は、一般的に通勤時の電車・バスでしょう。都市部では、会社へ行くには、電車かバスを利用せざるを得ません。

　新型コロナ感染が拡大するなかで、「マイカーで出勤したい」と希望する人が増加していますが、当然のことでしょう。

　しかし、都市部の大半の会社は、「交通事故の危険がある」「運転で疲れるので、仕事に影響する」「駐車スペースを確保できない」あるいは、「道路が混雑し、通勤に時間がかかる」などの理由で、マイカー通勤を禁止しています。

　とりわけ、駐車スペースの確保難は深刻な問題です。地価の高い都心部でマイカーの駐車スペースを確保するとなると、相当の費用が必要となります。

②　マイカー通勤の容認

　駐車スペースの確保ができないとして、マイカー通勤を禁止するのはやむを得ない措置ですが、駐車スペースをある程度確保できる会社は、コロナの感染拡大が収束するまでの間、マイカー通勤を容認するほうがよいでしょう。

(2)　制度運用のポイント

①　マイカー通勤の手続き

　マイカー通勤については、会社による許可制とするのがよいでしょう。

許可の基準は、次のとおりとします。

図表　マイカー通勤の許可基準

①　運転免許を保有していること
②　過去において重大な交通事故を起こしていないこと
③　一定の自動車保険に加入していること
③　自動車通勤がふさわしいものであること

②　会社の免責事項

会社は、次に掲げる事項については、いっさい責任を負わないこととします。

・マイカー通勤者が通勤中に起こした事故

・駐車中に生じたマイカーの盗難や損傷等

③　駐車場利用の遵守事項

マイカー通勤者に対し、「会社から指定された場所に駐車すること」などを求めます。

(3)　マイカー通勤規程

マイカー通勤を容認するときは、その取扱基準を社内規程として定めることが望ましいでしょう。社内規程例を示すと、次のとおりです。

マイカー通勤規程

（総則）

第1条　この規程は、マイカー通勤について定める。

（許可の申請）

第2条　マイカー通勤を希望する者は、あらかじめ会社に申請して許可を受けなければならない。

（許可の基準）

第3条　会社による許可の基準は、次のとおりとする。

  (1)　運転免許を保有していること

  (2)　過去3年間において重大な交通事故を起こしていないこと

  (3)　次に掲げる自動車保険に加入していること

    対人賠償保険───無制限

    対物賠償保険───無制限

  (4)　自動車通勤がふさわしいものであること

2　前項の規定を満たしていても、会社として駐車スペースを用意できないときは、許可を保留することがある。

（無許可通勤の禁止）

第4条　社員は、会社の許可を得ることなくマイカーで通勤し、社外の路上に駐車させてはならない。

（会社の免責事項）

第5条　会社は、次に掲げる事項については、いっさい責任を負わない。

  (1)　マイカー通勤者が通勤中に起こした事故

  (2)　駐車中に生じたマイカーの盗難や損傷等

（運転上の遵守事項）

第6条　マイカー通勤者は、運転について次の事項を誠実に遵守しなければならない。

  (1)　道路交通法を遵守し、安全運転を行うこと

  (2)　飲酒運転、暴走運転をしないこと

  (3)　心身が疲労しているときは運転をしないこと

（通勤経路）

第7条　マイカー通勤者は、最も合理的・経済的な道路を経由して通勤しなければならない。

（駐車場利用の遵守事項）

第8条　マイカー通勤者は、駐車場の利用について次の事項を誠

実に遵守しなければならない。

(1)　会社から指定された場所に駐車すること

(2)　駐車場を清潔に保つこと

(3)　駐車場への出入りに当たっては、他の車両および歩行者に十分注意すること

(4)　駐車場において不審者を見つけたときは、退去を求めるか、または会社に通報すること

（自動車事故を起こしたとき）

第9条　マイカー通勤者は、自動車事故を起こしたときは、負傷者の救護その他、道路交通法に定められた措置を講じなければならない。

2　道路交通法に定める措置を講じ終えたときは、直ちに会社に事故の内容を通報しなければならない。

3　第三者に損害を与えたときは、その損害を責任をもって賠償しなければならない。

4　道路交通法違反で、罰金、科料または反則金を科せられたときは、それらを負担しなければならない。

5　道路交通法違反で免許の停止その他の行政処分を受けたときは、その内容を会社に報告しなければならない。

（車両変更等の届出）

第10条　マイカー通勤者は、車両を変更するとき、またはマイカー通勤を中止するときは、あらかじめ会社に届け出なければならない。

（許可の取消し）

第11条　会社は、マイカー通勤者が次に掲げることをしたときは、マイカー通勤の許可を取り消すことがある。

(1)　この規程に違反したとき

⑵　重大な自動車事故を起こしたとき

　⑶　その他マイカー通勤者として適格でないと認められるとき

（ガソリン代の支給）

第12条　会社は、マイカー通勤者に対してガソリン代の実費を支
　　給する。

（付則）

この規程は、○○年○○月○○日から施行する。

（様式）マイカー通勤許可願

○○年○○月○○日

取締役社長殿

○○部○○課○○○○

マイカー通勤許可願

1　マイカー関係

車名		車種	
車体カラー		登録番号	

2　免許関係

種類		有効期間	

3　自動車保険関係

保険会社名	
対人賠償保険金	
対物賠償保険金	
保険加入期間	年　月　日～　　年　月　日

4　マイカー通勤を希望する理由

誓約書

　マイカー通勤を許可されたときは、道路交通法その他の関連法規およ

び運転マナーを遵守して安全運転に努めます。万一事故を発生させたときは、私の責任でいっさいを処理し、会社に迷惑をかけないことを誓約いたします。

以上

2　自転車通勤制度

(1)　自転車通勤の趣旨

　社員の中には、電車・バスの3密を避けるために自転車通勤を希望する者がいます。自転車通勤は、2011年の東日本大震災のときに大量の帰宅難民が発生したことを契機として「災害に強い通勤の足」として注目されましたが、コロナ禍で再び注目されています。

　また、自転車通勤は、足を使うので健康にもよいでしょう。

　マイカー通勤の場合には、会社として相当の駐車スペースを用意しなければいけませんでしたが、自転車の場合は、それほど広いスペースは必要としません。この点も、自転車通勤のメリットといえましょう。

　3密回避と社員の健康対策として、自転車通勤を容認するほうがよいでしょう。

(2)　制度運用のポイント

①　自転車通勤の手続き

　自転車通勤については、

　　・会社による許可制とする

　　・会社への届出制とする

の2つがあります。

　許可制とする場合、許可の基準は、次のとおりとするのが適切でしょう。

図表　自転車通勤の許可基準

① 損害賠償保険に加入していること
② 使用する自転車にブレーキと灯火装置が整備されていること
③ 駐輪スペースがあること

② **会社の免責事項**

　会社は、次の事項についてはいっさい責任を負わないこととします。

　・自転車通勤者が通勤中に起こした事故

　・駐輪中に生じた自転車の盗難や損傷等

③ **運転上の遵守事項**

　自転車通勤者に対し、「交通法規および運転マナーをよく守って安全運転を行うこと」「運転中はヘルメットを着用すること」などを求めましょう。

④ **駐輪**

　自転車通勤者に対し、会社が指定した場所に自転車を駐輪させるように求めましょう。

(3) **自転車通勤規程**

　自転車通勤を認めるときは、その取扱基準を「社内規程」として取りまとめ、それに沿って運用していくことが必要です。

自転車通勤規程

（総則）

第1条　この規程は、自転車通勤について定める。

　2　自転車通勤をする者は、この規程を誠実に守らなければならない。

（届出）

第2条　自転車通勤をする者は、次の事項を届け出なければならない。

---

(1)　ブレーキおよび灯火装置の有無

(2)　保険の加入内容

(3)　その他必要事項

（会社の免責事項）

第3条　会社は、次に掲げる事項についてはいっさい責任を負わない。

(1)　自転車通勤者が通勤中に起こした事故

(2)　駐輪中に生じた自転車の盗難や損傷等

（運転上の遵守事項）

第4条　自転車通勤者は、次に掲げる事項を誠実に遵守しなければならない。

(1)　交通法規および運転マナーをよく守って安全運転を行うこと

(2)　運転中はヘルメットを着用すること

(3)　飲酒運転をしないこと

(4)　携帯電話をかけながら運転をしないこと

(5)　傘を差して運転をしないこと

(6)　通勤や帰宅を急ぐあまりに自動車の間を縫って走行しないこと

(7)　他の自転車と並走しないこと

（駐輪）

第5条　自転車通勤者は、会社が指定した場所に自転車を駐輪させなければならない。

（事故を起こしたとき）

第6条　自転車通勤者は、交通事故を起こしたときは、道路交通法に定める措置を講じた後、直ちに会社に報告しなければならない。

（自転車通勤手当の支給）

第7条　会社は、自転車通勤者に対して公共交通機関定期券代相
　　　当額の通勤手当を支給する。

（中止の届出）

第8条　自転車通勤者は、自転車通勤を中止するときは、あらか
　　　じめ会社に届け出なければならない。

（付則）

この規程は、○○年○○月○○日から施行する。

（様式）自転車通勤届

　　　　　　　　　　　　　　　　　　　　　　　○○年　○月○○日

　総務部長殿

　　　　　　　　　　　　　　　　　　　　　　○○部○○課○○○○

　　　　　　　　　　　　　　　　自転車通勤届

1　自転車の装置
　　□ブレーキあり
　　□灯火装置あり

2　保険関係

	保険会社名
対人賠償保険金	
対物賠償保険金	
保険加入期間	年　月　日～　　年　月　日

誓約書

　道路交通法その他の関連法規および運転マナーを遵守して安全運転に
努めます。万一事故を発生させたときは、私の責任でいっさいを処理し、
会社に迷惑をかけないことを誓約いたします。

　　　　　　　　　　　　　　　　　　　　　　　　　　　　以上

3　一駅てくてく運動制度

(1)　制度の趣旨

電車・バスは、重要な通勤手段として広く利用されていますが、3密の状態になるため、その利用に不安を感じている人が多いでしょう。

一方、歩くことは健康によいことです。もちろん、仕事の前あるいは後に、長距離・長時間歩くことは無理ですが、短距離・短時間であれば、歩けるでしょう。

このような事情のなかで実践されているのが、「一駅てくてく運動」です。これは、会社へ行く途中、あるいは会社の帰りに一駅（バスの場合は、一停留所）だけ歩くというものです。

例えば、自宅から一駅だけ歩き、次の駅から電車に乗って会社に行く。あるいは、会社の最寄り駅の1つ前で電車を降り、歩いて会社に行きます。

一駅だけ歩いたからといって、感染の可能性が目に見えて減少するわけではありません。効果はきわめて限定的ですが、健康の維持・増進への効果を考慮すると、実施するに値するといえましょう。

(2)　制度運用のポイント

①　参加の自由

この運動に参加するかしないかは、あくまでも社員の自由とし、会社として強制はしません。

②　徒歩の対象

徒歩の対象は、次の1つ以上とします。

・毎朝、自宅の最寄り駅の次の駅まで歩き、そこから電車・バスで会社に向かう
・毎朝、会社の最寄り駅の1つ前で下車し、そこから歩いて会社に向かう

・退社後、会社の最寄り駅の次の駅まで歩き、そこから電車・バスで自宅に向かう
・退社後、自宅の最寄り駅の1つ手前で下車し、そこから歩いて自宅に向かう

(3) 社員への参加の呼びかけ

　この運動を実施するときは、その趣旨と内容を社員に知らせ、運動に参加するよう、呼びかけます。

＜社員への呼びかけ＞

〇〇年〇〇月〇〇日

社員の皆さんへ

人事部長

一駅てくてく運動について（お知らせ）

　通勤時間帯の電車・バスは、3密を発生させます。新型コロナウイルスの感染を防止するためには、3密の機会を少しでも短くすることが必要です。
　一方、歩くことは、健康の維持・増進につながります。
　そこで、会社は、一駅てくてく運動を実施することとしました。これは、次のうちのいずれか1つ以上を毎日実施するというものです。

① 毎朝、自宅の最寄り駅の次の駅まで歩き、そこから電車・バスで会社に向かう
② 毎朝、会社の最寄り駅の1つ前で下車し、そこから歩いて会社に向かう
③ 退社後、会社の最寄り駅の次の駅まで歩き、そこから電車・バスで自宅に向かう
④ 退社後、自宅の最寄り駅の1つ手前で下車し、そこから歩いて自宅に向かう

　一人でも多くの社員がこの運動に参加することを期待します。

　なお、この運動は、参加を強要するものではありません。参加するかしないかは、各人の自由です。

以上

第 **8** 章

テレワーク時代の褒賞金制度

1　業績目標達成褒賞金制度

2　部門業績の目標達成褒賞金制度

3　営業褒賞金制度

4　生産性褒賞金制度

5　商品開発褒賞金制度

6　提案褒賞金制度

7　資格褒賞金制度

1　業績目標達成褒賞金制度

(1)　制度の趣旨

①　コロナ禍と経済

　コロナ禍では、感染拡大防止のために「人の移動」が制限されます。国内における移動のみならず、国外との移動（日本から外国への移動、外国からの来日）も制限されます。また、飲食店における飲食が感染を拡大させるという理由で、飲食店の営業時間の短縮が実施されています。この結果、経済活動が停滞し、会社の業績に大きな影響を与えています。

②　業績の維持・向上の工夫

　会社は、コロナ禍でも業績を伸ばすための経営努力を続けなければいけません。

　コロナ禍で業績（売上げ・利益）の維持・向上を図ることはきわめて困難なことですが、その1つの工夫として、業績目標達成褒賞金制度の新設・拡充があります。これは、売上げや利益について、経済状況・経営環境を踏まえて一定の目標を設定し、その目標を達成したときに社員に対して、賞与とは別に一定の褒賞金を支給するというものです。

　コロナの感染拡大という厳しい経営環境のなかで、社員全員が一致結束して業績の維持・向上を目指して努力する意欲を形成するところに、制度の趣旨があります。

図表　業績目標達成褒賞金制度の効果

・コロナ禍における経営業績の維持と向上
・社員の経営参加意識の高揚
・社員の一体感、連帯意識の形成と向上

(2)　制度の内容

①　業績の準拠指標

一口に「業績」といっても、売上高、受注高、受注件数、粗利益、営業利益、経常利益など、さまざまな指標があります。そこで、はじめに「業績」の準拠指標を定めます。

準拠指標の定め方には、

・1つだけ定める

・2つ以上定める

の2つがあります。

②　業績の算定期間

算定期間については、1か月、3か月、6か月、1年などがあります。

③　業績目標の内容

コロナ禍の経済情勢、経営環境を踏まえて、業績目標を具体的に定めます。

経営者の立場からすると、高い目標を掲げたいところですが、目標は「努力すれば達成可能なもの」でなければ、社員の協力は得られません。

図表　目標の設定例

業績指標が1つの場合	(例1) ・半期の売上げが○百万円以上 (例2) 1年の粗利益が○百万円以上
業績指標が2つの場合	(例1) ・半期の受注高○百万円以上、かつ、営業利益○百万円以上 (例2) ・年度の売上げ○百万円以上、かつ、売上高営業利益率○％以上

指標が3つの場合	年間の実績が次の3条件をクリアしたとき ・売上げ○百万円以上 ・営業利益○百万円 ・売上高営業利益率○％以上

④　褒賞金の支給対象者

　褒賞金の支給対象者の範囲については、実務的に、

　・全社員とする

　・課長以上の役職者を除く全社員とする

の2つがあります。一般に課長以上の役職者は、経営者と一体となり、あるいは経営者を補佐して業務を行う役割と責任を負っています。そして、その役割と責任に対して、給与のほかに役職手当が支給されています。したがって、褒賞金の支給対象としなくても差し支えないでしょう。

　なお、次に掲げる者には支給しないものとします。

　・算定期間における勤務日数が少ない者

　・支給日に在籍していない者

⑤　褒賞金の額

　褒賞金の金額の決め方には、図表に示すような方法があります。

図表　褒賞金の決め方

決め方	例
役職者・社員別定額方式	役職者○万円、社員○万円
全員同額方式	全員○万円
給与比例方式	基本給に応じて、次の金額 ・20万円以下➡○万円 　20〜25万円➡○万円 　25〜30万円➡○万円 　30万円以上➡○万円
資格等級別定額方式	社員1、2級➡○万円 社員3、4級➡○万円 （以下、略）

⑶　制度の実施要領

　業績目標達成褒賞金制度の実施要領を例示すると、次のとおりです。

業績目標達成褒賞金制度実施要領

１　制度の実施目的

　新型コロナウイルスの感染拡大という厳しい経営環境のなか
で、社員全員が一致結束して業績の維持・向上を目指して努力す
る経営風土を形成すること。

２　業績目標

　⑴　〇〇年度上期（4〜9月）

　　　売上げ　〇百万円以上、営業利益　〇百万円以上

　⑵　〇〇年度下期（10〜翌3月）

　　　売上げ　〇百万円以上、営業利益　〇百万円以上

３　褒賞金の支給

　業績目標が達成されたときは、社員に褒賞金を支給する。

４　褒賞金の支給対象者

　社員全員。ただし、次の者は除く。

　⑴　課長以上の役職者

　⑵　各期の勤務日数が所定勤務日数の8割以下の者

　⑶　褒賞金支給日に在籍していない者

５　褒賞金の金額

　主任　〇万円

　社員　〇万円

６　賞与との関係

　褒賞金は、賞与とは別に支給する。

７　支給日

　上期褒賞金　10月末日

　下期褒賞金　4月末日

以上

---

2 部門業績の目標達成褒賞金制度

(1) 制度の趣旨
① 部門業績の差異

いくつかの事業を行い、事業ごとに独立採算制（事業部制）を実施している会社は、すべての事業部が高業績を上げるのが理想ですが、現実には事業部門ごとによって業績に差が生じます。売上げや営業利益の面で良い業績を収めた事業部が出る一方で、業績の良くない事業部が出ます。

地域的あるいは全国的に複数の店舗を構えている会社の場合は、すべての店舗が高業績を上げることが望ましいですが、現実には店舗によって差が生じます。

② 業績向上への動機づけ

コロナ禍では、事業部あるいは店舗別の業績格差が大きくなる可能性があります。

コロナ禍の下で会社全体の業績を向上させる1つの工夫は、事業部あるいは店舗ごとに、一定期間（四半期、6か月、1年）について、業績（売上げ、粗利益、その他）の目標を示し、その目標を達成した部門に対して、賞与とは別に特別の褒賞金を支給します。これにより、部門の営業意欲の活性化を図り、全社の業績の向上を期します。

(2) 制度の内容
① 業績の準拠指標

この制度は、部門が業績目標を達成したときに、その功労として褒賞金を支給するというものです。
「部門の業績」といっても、売上高、受注高、受注件数、粗利益、営業利益など、さまざまな指標があります。そこで、はじめに業績の準拠指標を決めます。一般的には、粗利益、営業利益または純利益を採

用するのが適切でしょう。

② 　業績の算定期間

業績の算定期間としては、1か月、3か月、6か月、1年などが考えられます。

③ 　業績目標の内容

業績目標の内容を具体的に決めます。例えば、「売上げ○百万円以上」「営業利益○万円以上」という具合です。

決め方には、

・すべての部門について一律に決める

・部門の社員数、立地条件、取扱商品の特性（商品力）、過去の実績などを勘案して部門ごとに決める

などがあります。

当然のことですが、業績目標は部門の営業力に応じて公平に決める必要があります。公平性に欠けると、褒賞金制度への社員の理解を得ることができません。

④ 　褒賞金の支給対象者

褒賞金は、

・算定期間に一定日数以上勤務した

・支給日に在籍している

という2つの条件を満たす者に支給するのが合理的です。

⑤ 　褒賞金の金額

褒賞金の金額の決め方には、

・全員同額とする

・給与に比例して決める

・役職者と社員に区分して決める

などがあります。

⑶　制度の実施要領

　褒賞金制度の実施要領を示すと、次のとおりです。

店舗の業績目標達成褒賞金制度の実施要領

1　褒賞金の支給要件

半期の粗利益が次の金額を超えた場合に褒賞金を支給する。

　社員数○人以下の店舗➡○百万円

　社員数○～○人の店舗➡○百万円

　社員数○人以上の店舗➡○百万円

2　業績の算定期間

　上期➡4月1日～9月30日

　下期➡10月1日～3月31日

3　褒賞金の支給対象者

　業績の算定期間において100日以上勤務し、かつ、褒賞金支給日に在籍する者

4　褒賞金の金額

　役職者➡○万円

　社員➡○万円

5　賞与との関係

　褒賞金は、賞与とは別に支給する。

6　支給日

　上期➡10月末日

　下期➡4月末日

7　支給方法

　口座振込みによる。

以上

3　営業褒賞金制度

⑴　制度の趣旨

　コロナ禍では、感染拡大防止を目的として「人の移動」が制限されます。この結果、経済活動が低迷し、商品の売れ行きが減少します。売れ行きの落ち込みは、会社の業績に大きな影響を与えます。

　コロナ禍では、これまで以上に営業活動に力を入れ、売上げの維持・確保を図ることが求められます。その1つの工夫が、営業褒賞金制度です。営業の実績に応じて、褒賞金を支給します。

　褒賞金制度の新設・充実により、営業社員の活性化、勤労意欲の向上を図ります。

⑵　制度の内容

①　業績の準拠指標

　業績の準拠指標としては、一般に売上高（契約高、受注高）、売上数量、受注件数（契約件数）などが使用されています。

②　業績の算定期間

　算定期間には、1か月、3か月、6か月、1年などがあります。

　製品によって、売買契約の成立と納品期間が異なります。長い期間を要する製品もあれば、短いものもあります。「売買契約の成立にどれくらいの期間を要するか」「契約から納品までにどれほどの期間を必要とするか」を勘案して算定期間を決めます。

③　褒賞金の金額の決め方

　褒賞金の金額の決め方には、主として、

　　・売上げ（契約高・受注高）×一定率という形で決める

　　・製品ごとに「1台当たり○○円」という形で決める

　　・契約（受注）1件当たり○○円という形で決める

などがあります。

④ 一律方式と累進方式

褒賞金の率・額の決め方には、

・売上高（または売上数量・受注件数）にかかわらず、同率または
同額とする

・売上高または売上数量に応じて率・額が増加する

の２つがあります。

図表　一律方式と累進方式

	一律方式	累進方式
売上基準の場合	売上げ×2％	売上げ100万円未満➡売上げ×1.0% 売上げ100万円以上➡売上げ×1.5% 売上げ200万円以上➡売上げ×2.0% 売上げ300万円以上➡売上げ×2.5% 売上げ400万円以上➡売上げ×3.0% 売上げ500万円以上➡売上げ×3.5% （以下、略）
数量基準の場合	1台につき1,000円	1台目➡1,000円 2台目➡1,500円 3台目➡2,000円 4台目➡2,500円 5台目➡3,000円 （以下、略）

⑤ **褒賞金の支給対象者**

褒賞金は、すべての営業職に支給します。ただし、役職者は除きます。

(3) **制度の実施要領**

営業褒賞金制度の実施要領の例を示すと、次のとおりです。

営業褒賞金制度実施要領

1　営業褒賞金制度の目的

営業職に対して、その営業実績に応じて褒賞金を支給することにより、営業意欲・勤労意欲の向上を図り、もって売上げの維持・増加を期すこと。

2　営業褒賞金の算定期間

毎月1〜末日の1か月とする。

3　営業褒賞金の算定

算定期間における売上金額×〇％

4　売上げの確定時点

売り上げた商品の代金が会社の口座に振り込まれた時点で、売上げとする。

5　営業褒賞金の支給対象者

営業職全員。ただし、課長以上は除く。

6　営業褒賞金の支給日

売上代金が振り込まれた日の翌月25日

7　売上げの配分

2人以上の者が売上げに関与したものについては、営業課長が当事者の意見を聴いて売上げの配分を決定する。

8　売上げからの除外

会社が定める販売条件に違反して販売されたものについては、売上げとはみなさない。したがって、褒賞金の支給対象とはしない。

9　営業褒賞金の減額

営業職が次のいずれかに該当するときは、褒賞金の減額を行うことがある。

(1)　会社への営業報告がよくなかったとき

(2)　営業日報について、正確でない記載、記載漏れ、または不提出があったとき

(3) 営業業務で知り得た重要な情報を報告しなかったとき

(4) 営業会議にしばしば出席しなかったとき

(5) 職場の秩序、規律を乱す行為のあったとき

(6) その他営業職としてふさわしくない行為のあったとき

10 退職者の取扱い

退職し、支給日に在籍していない者に対しては、褒賞金は支給
しない。

以上

4 生産性褒賞金制度

(1) 制度の趣旨

製造業の成長の条件は、「生産性の向上」です。生産工程の見直し
やムダの排除などによって業務の効率化を図ることです。これまでよ
りも少ない時間で、これまでよりも多くの製品を製造することです。
例えば、社員1人・1時間当たりの生産量が10個であったとすれば、
業務の効率化によって、これを11個、12個に増やすことです。

業務の効率化、生産性の向上は、現実的には大変困難です。しかし、
その困難にチャレンジしなければ、激しい競争のなかで、業績の向上
を図ることはできません。

業務の効率化、生産性の向上は、労働の強化を伴うこともあり、社
員の理解と協力が必要不可欠です。

日ごろから業務の効率化の必要性を社員にアピールする一方で、実
際に生産性の向上が図られたときに、社員に対して、賞与とは別に褒
賞金を支給します。

(2)　制度の内容

①　生産性の準拠指標

はじめに、どのような指標で生産性を評価するのか、その準拠指標を定めます。一般的に生産量または出荷量を準拠指標とするのが妥当でしょう。

②　生産性の算定期間

生産性の算定期間は、３か月、６か月または１年のいずれかとするのが現実的です。

③　褒賞金の支給条件

褒賞金の支給条件を、

・算定期間における生産量または出荷量の増加率

・同期間における人員の増加率

・同期間における時間外労働の総時間の増加率

という３つの基準で、具体的に定めます。

労働投入量（人員・労働時間）を増加させれば、生産量が増加するのは、きわめて当然です。したがって、評価するには値しません。経営的に必要なことは、労働投入量を増加させることなく、生産量を増加させることです。したがって、「人員および労働時間が増加していないこと」という条件を付けます。

④　褒賞金の金額

褒賞金の金額を具体的に定めます。

金額については、「生産性の上昇率に応じて決める」という方法も考えられますが、これではあまりにも抽象的で、社員の理解を得ることは難しいでしょう。

(3)　制度の実施要領

生産性褒賞金制度の実施要領の例を示すと、次のとおりです。

生産性褒賞金制度実施要領

1　褒賞金の支給目的

　社員の理解と協力を得て、組織的かつ計画的に製造業務の効率化、生産性の向上を図り、会社業績の向上を期すこと。

2　生産性の算定期間

　上半期、下半期の半期とする。

3　生産性褒賞金の支給

　半期の実績が次の目標を達成したときに、社員に対して褒賞金を支給する。

　(1)　商品の生産数量　　　前年度同期比5％以上

　(2)　生産部門の人員　　　前年同期比ゼロ以下

　(3)　生産部門の時間外労働（休日労働を含む）の総時間数
　　　　前年同期比2％増以下

4　生産性褒賞金の支給対象者

　生産部門の社員。ただし、次の者は除く。

　(1)　課長以上の役職者

　(2)　算定期間における勤務日数が所定勤務日数の80％以下の者

　(3)　支給日に在籍していない者

5　褒賞金の額

　(1)　班長　　○万円

　(2)　社員　　○万円

6　賞与との関係

　生産性褒賞金は、賞与とは別に支給する。

7　生産性褒賞金の支給日

　(1)　上期　10月末日

　(2)　下期　4月末日

以上

5　商品開発褒賞金制度

(1)　制度の趣旨

　会社が成長発展するためには、絶えず新しい商品を開発し、提供していくことが必要です。

　しかし、商品開発ほど、難しいことはありません。「この商品はお客さまに受け入れられるだろう」「この製品は、必ず売れる」という自信を持って市場に送り出し、テレビや新聞で広告宣伝しても、空振りに終わることが多いです。

　しかし、新商品が売れなかったからといって、会社は商品開発を諦めるわけにはいきません。また、新しい商品の開発にチャレンジしていかなければいけません。

　そこで、新しい商品が一定金額以上、あるいは一定数量以上売れた場合に、開発担当者に対して褒賞金を支給し、その労をねぎらいます。

(2)　制度の内容

①　褒賞金の支給条件

　褒賞金は、新商品の売れ行きが好調であった場合に支給するものとし、その条件を具体的に定めます。例えば、次のとおりです。
　・新商品の販売額が発売後6か月で○○万円を超えたとき
　・新商品の出荷数量が出荷開始1年で○○個を超えたとき

②　褒賞金の支給対象者

　褒賞金の支給対象者は、新商品の開発に直接関与した者とします。

　新商品が売れるためには、営業担当者や広告担当者の協力も必要です。したがって、「商品開発担当者のみならず、営業担当者や広告担当者も支給対象とすべき」という意見もあります。確かにそれも正論ですが、支給対象者の範囲を拡大すると、「新商品開発の苦労に報いる」という褒賞金の支給目的が不明確になります。

③　褒賞金の金額

褒賞金の金額を具体的に定めます。

褒賞金については、「商品の販売状況に応じてその都度決める」という対応もありますが、はじめから金額を確定しておくほうが望ましいでしょう。

(3)　制度の実施要領

商品開発褒賞金制度を実施するときは、制度の実施要領（褒賞金の支給基準）を定めておきます。

商品開発褒賞金制度実施要領

1　褒賞金の支給目的

　(1)　商品開発に対する意欲の向上を図ること

　(2)　商品開発について払われた労をねぎらうこと

2　褒賞金の支給条件

新商品の販売開始1年間の売上金額が○○万円以上であるとき

3　褒賞金の支給対象者

商品開発部に所属し、対象商品の開発に当たった者。ただし、次に掲げる者は除く。

　(1)　役職者

　(2)　褒賞金の支給日に在籍していない者

4　褒賞金の額

　○万円

5　支給日

　その都度決定する。

6　賞与との関係

褒賞金は、賞与とは別に支給する。

以上

6　提案褒賞金制度

⑴　制度の趣旨

　会社は、常に業務の改善・効率化、コストの削減、品質の向上、安全の確保などに取り組むことが必要です。コロナ禍では、経済の低迷により経営環境が以前と比較して格段と厳しいので、これまで以上にこれらの問題に取り組む必要があります。

　業務の改善・効率化、コストの削減等は、本来的には会社のほうで考えるべき事柄ですが、会社だけで考えるには、おのずから一定の限界があります。それよりも、実際に日々業務を遂行している社員の意見を求めるほうがよいでしょう。

　「どうしたら商品を現在よりも早く生産できるか」「どうしたら製品の不良率を引き下げることができるか」「職場の安全のためには、作業方法をどのように変更したらよいか」などについて、社員に意見や提案を求め、提案の内容を審査し、優れた提案を実行に移すことで、業務の改善、生産性の向上を図ります。そして、その提案を出した者に対して褒賞金を支給します。

図表　提案褒賞金制度の効果

・業務の改善、生産性の向上、能率アップを図れる。
・社員の意見を採用することにより、職場の活性化を図れる。
・「考える社員」「提案する社員」を育成できる。
・経営への参加意識を高めることができる。

⑵　制度の内容

①　提案の内容

　社員に求める提案の内容は、次のとおりとします（製造業の場合）。

図表　提案の内容

- ・製造に要する時間の削減に関すること
- ・製造コストの削減に関すること
- ・不良品の発生率の低下に関すること
- ・作業の安全に関すること
- ・その他製造業務の改善に関すること

② **内容の審査の基準**

審査の基準は、次のとおりとします。

図表　審査の基準

・内容の実行の難易度（実行しやすいこと）
・内容の実行に要するコスト（多額の設備投資を必要としないこと）
・内容の独創性
・業務改善の程度

(3) **制度の実施要領**

提案褒賞金制度の実施要領の例を示すと、次のとおりです。

提案褒賞金制度実施要領

　1　制度の目的

　製造工程の生産性の向上および製造コストの削減等について、社員の提案を求め、優れた提案を採用することにより、生産性の向上および経費の節減を図ること。

　2　求める提案の内容

　(1)　製造に要する時間の削減に関すること

　(2)　製造コストの削減に関すること

　(3)　不良品の発生率の低下に関すること

　⑷　作業の安全に関すること

　⑸　その他製造業務の改善に関すること

3　提案できる社員の範囲

　全社員とする。

4　提案の募集・受付けの時期

　毎年6月に提案を募集し、受け付ける。

5　提案の内容の審査

　係長クラスから構成される審査委員会において、提案の内容を審査する。

6　審査の基準

　審査の基準は、次のとおりとする。

　⑴　内容の実行の難易度

　⑵　内容の実行に要するコスト

　⑶　内容の独創性

　⑷　業務改善の程度

7　褒賞金の支給

　優れた提案に対して褒賞金を支給する。

　⑴　きわめて優れた提案➡○万円

　⑵　優れた提案➡○万円

8　褒賞金の支給日

　審査終了後10日以内

以上

7　資格褒賞金制度

⑴　制度の趣旨

　仕事（職業）については、さまざまな資格が設けられています。そ

の資格を持っていなければ一定の業務をすることができない資格もあれば、一定のレベル以上の知識または技術を習得していることを示す資格もあります。資格の数は3,000以上に達するといわれています。

　仕事と資格は、強く結び付いています。したがって、資格を持っている社員が多いということは、会社の技術力が高いことを示すものです。資格を持っている社員が多ければ多いほど、対外的な競争力が強化されます。

　会社は、社員が資格取得に向けて努力するよう、何らかの動機づけを図ることが望ましいです。資格褒賞金制度は、社員が会社の定める一定の資格を取得したときに褒賞金を支給するもので、動機づけの1つの方策です。

(2)　制度の内容
①　対象とする資格の範囲
　資格については、会社の業務に直接的に必要な資格のみならず、間接的に必要とされる資格（あったほうが望ましい資格）も対象とするのが現実的でしょう。
②　対象者の範囲
　対象者の範囲については、
　・特定の職種に限定する
　・すべての社員を対象とする
の2つがあります。
　「会社の競争力を強化する」という観点からすると、すべての社員を対象とすることが望ましいでしょう。

(3)　制度の実施要領
　資格褒賞金制度を実施するときは、制度の内容を取りまとめ、社員に周知します。

資格褒賞金制度実施要領

1　制度の目的

　業務に直接的あるいは間接的に必要な職業資格を取得した者に対して褒賞金を支給し、その労をねぎらうとともに、資格取得への動機づけを図ること。

2　対象とする資格

　(1)　ソフトウェア開発技術者

　(2)　基本情報技術者

　(3)　情報セキュリティアドミニストレータ

　(以下、略)

3　対象社員

　全社員

4　褒賞金の額

　(1)　ソフトウェア開発技術者➡○万円

　(2)　基本情報技術者➡○万円

　(3)　情報セキュリティアドミニストレータ➡○万円

　(以下、略)

5　褒賞金の支給日

　資格取得届が提出された日から10日以内

　　　　　　　　　　　　　　　　　　　　　　　　　　以上

第9章

コロナ禍のリスクマネジメント

1　感染者・濃厚接触者の取扱い

2　一時休業制度

3　人件費の抑制

4　諸経費の削減

5　新卒者採用の抑制・停止

6　希望退職の実施

1　感染者・濃厚接触者の取扱い

⑴　社員の感染

　ほとんどすべての会社が、職場で新型コロナウイルスの感染者が出ないことを目的として、社員に対して手指の消毒、マスクの着用などを求めるとともに、職場の換気などの措置を講じています。

　また、政府の呼びかけに応じて、3密回避のために時差出勤、テレワークなどを実施している会社も多いでしょう。

　しかし、会社には多くの人が来訪すると同時に、私生活における社員の行動範囲が広いため、いつ社員が感染するかわかりません。

　社員が感染したときは、冷静に対応することが必要となるため、感染者が出たときの対応を定めておくことが望ましいでしょう。

⑵　感染者等の取扱い

①　家族等が感染した場合

　社員は、同居している家族や友人・知人等に感染者が出たときは、その旨を会社に報告し、出勤を自粛し、高熱等の症状がない場合においても、自宅で待機するものとします。

②　濃厚接触者として判定された場合

　社員は、保健所から感染症感染者との「濃厚接触者」として判定されたときは、保健所から指示された期間、自宅で経過を観察し、会社に出社してはならないものとします。

　指示された期間が経過して出勤するときは、医療機関を受診し、「感染症陰性証明書」の交付を受け、これを会社に提出しなくてはならないものとします。

③　感染症に感染したとき

　社員は、感染症に感染して入院するときは、次の事項を会社に連絡しなければならないものとします。

・感染した旨

・診断を受けた月日

・入院先の名称、所在地

・その他必要事項

感染して30日が経過しても治癒しないときは、休職とします。

④　**感染者の氏名の漏洩禁止**

感染したことが世間に知られると、社会的な差別を受けたり、中傷されたりして、基本的人権が侵害される可能性があるため、社員に対して、感染者の氏名が第三者に漏洩しないように求めます。

⑤　**行政機関・報道機関への対応**

感染に関する行政機関および報道機関への対応は、人事部長が行います。人事部長以外の者は、会社の許可を受けることなく、問合せ、取材等に対応してはならないものとします。

⑶　**感染者・濃厚接触者の取扱規程例**

新型コロナウイルスの感染者・濃厚接触者の取扱いを定めた社内規程の例を示すと、次のとおりです。

新型コロナウイルス感染者・濃厚接触者取扱規程

（規程の目的）

第1条　この規程は、次に掲げる者の取扱いについて定める。

　⑴　家族等が新型コロナウイルスに感染した者

　⑵　新型コロナウイルス感染者との濃厚接触者

　⑶　新型コロナウイルスに感染した者

（家族等が感染した場合）

第2条　社員は、次に掲げる者に感染者が出たときは、その旨を会社に報告し、出勤を自粛し、高熱等の症状がない場合においても、自宅で待機しなければならない。

---

(1) 同居している家族

(2) ２週間以内に接触した友人・知人

(3) その他、２週間以内に接触した者

2 自宅待機の期間は、おおむね２週間程度とする。

3 自宅待機の期間は、有給扱いとする。

4 会社は、自宅待機中の者に対して、自宅でできる業務を命令することがある。

5 勤務に復帰するときは、医療機関を受診し、「感染症陰性証明書」の交付を受け、これを会社に提出しなければならない。

6 医療機関の受診および証明書の受領に要する費用は、会社が負担する。

（濃厚接触者に判定された場合）

第３条 社員は、保健所から感染者との「濃厚接触者」として判定されたときは、保健所から指示された期間、自宅で経過を観察し、会社に出社してはならない。

2 指示された期間が経過して出勤するときは、医療機関を受診し、「感染症陰性証明書」の交付を受け、これを会社に提出しなければならない。

3 医療機関の受診および証明書の受領に要する費用は、会社が負担する。

（社員が感染したとき）

第４条 社員は、新型コロナウイルスに感染して入院するときは、次の事項を会社に連絡しなければならない。

(1) 感染した旨

(2) 診断を受けた月日

(3) 入院先の名称、所在地

(4) その他必要事項

2　症状がないか、あるいは軽度であるために、自治体が指定する宿泊施設または自宅で療養するときは、次の事項を会社に連絡しなければならない。

(1)　感染した旨

(2)　診断が行われた月日

(3)　宿泊施設で療養するときは、その名称、所在地

(4)　自宅で療養するときは、その旨

(5)　その他必要事項

（休職扱い）

第5条　感染して30日が経過しても治癒しないときは、休職とする。

（休職期間）

第6条　休職期間は、次のとおりとする。

勤続1年未満　　6か月

勤続2年未満　　1年

勤続2年以上　　2年

（給与の取扱い）

第7条　休職は無給とする。

（勤続年数の取扱い）

第8条　休職期間は、勤続年数には通算しない。

（復職）

第9条　感染症が治癒したときは復職する。

2　復職するときは、医師の証明書を会社に提出しなければならない。

（感染者の氏名の漏洩禁止）

第10条　社員は、社会的な差別を受けたり、中傷されたりして、基本的人権が侵害される可能性があるため、感染者の氏名を第

三者に漏洩してはならない。

（行政機関・報道機関への対応）

第11条　感染に関する行政機関および報道機関への対応は、人事部長が行う。人事部長以外の者は、会社の許可を受けることなく、問合せ、取材等に対応してはならない。

（付則）

この規程は、○○年○○月○○日から施行する。

2　一時休業制度

⑴　一時休業の実施

　コロナ禍では、不要不急の外出の自粛、各種イベントの中止、商店の営業時間の短縮などにより、商品の需要が落ち込み、経済活動が停滞します。この結果、業績不振に陥る会社が増えます。

　会社は、商品の販売が減少・低迷し、雇用（人員）が過剰となったときは、その程度に応じて迅速に雇用調整を行うことが必要となります。雇用調整のタイミングが遅れると、在庫はさらに増加し、過剰雇用の状況もさらに深刻となります。

　雇用調整には、図表に示すようにさまざまな方法がありますが、その代表的な方法は一時休業です。会社全体、あるいは特定部門の業務を一時的・臨時的に休業とするというものです。

　一時休業は、雇用を維持しつつ在庫調整・生産調整を行えるというメリットがあります。このため、雇用調整の方法として広く採用されています。また、政府も、一時休業に必要な休業手当の一部を「雇用調整助成金」として補助する制度を実施しています。

図表　雇用調整の方法

・時間外労働、休日労働の抑制
・非正規社員（パートタイマー、契約社員、嘱託）の採用の抑制や
　停止
・非正規社員の雇用更新の停止（雇止め）
・定年退職者の再雇用の停止
・新規採用の抑制や停止
・中途採用の抑制や停止
・一時休業
・子会社、関連会社への出向または転籍
・希望退職の募集
・退職勧奨
・整理解雇

(2)　一時休業の実施要領

①　休業の対象部門

　一時休業の大きな目的は、「販売不振で過剰となった在庫の調整」
です。このため、生産部門、現業部門を対象として実施するのが現実
的でしょう。ただ、この場合においても、非常事態に備えるという観
点から、役職者および機械設備の保守点検の担当者は除外するほうが
よいでしょう。

②　休業期間

　過剰雇用の状況を判断して、休業期間を決めます。期間の決め方に
は主として、

・一定期間連続して休業する
・分散して休業する（例えば、当分の間、毎週月曜と火曜の2日を
　休業とする）

の2つがあります。

　当然のことではありますが、休業期間を長くすればするほど、過剰
在庫の解消には効果的です。しかし、その分だけ社員に不安感を与え

ます。また、休業に伴って収入が減少するので生活が不安定となります。

③　休業手当の支払い

ア　労働基準法の定め

休業中に給与が支払われないと、社員は生活していけません。このため、労働基準法では「使用者の責に帰すべき事由による休業の場合においては、使用者は、休業期間中当該労働者に、その平均賃金の100分の60以上の手当を支払わなければならない」（第26条）と定めています。

イ　平均賃金の算出方式

「平均賃金」とは、過去3か月間に支払われた賃金の総額を、その3か月間の総日数（91日程度）で割って得られる額をいいます。

平均賃金＝過去3か月間に支払われた給与の総額÷3か月の総日数

「給与の総額」は、文字どおり給与の総額をいいます。基本給はもちろんのこと、諸手当（家族手当、住宅手当、役付手当、その他）、通勤手当、時間外勤務手当、休日勤務手当も含まれます。ただし、賞与は含まれません。

このため、基本給が同じであっても、通勤手当の多い者ほど、また、時間外・休日勤務手当の多い者ほど、平均賃金の額が高くなります。

なお、「平均賃金」は、一般の社員には理解しにくい言葉です。誰も、過去3か月に受け取った給与の総額はいくらであったかは、考えていないからです。休業手当の支払いにあたっては、平均賃金の意味をよく説明することが望ましいといえます。

ウ　通勤手当の取扱い

平均賃金は、通勤手当も含んで算定することが必要です。

会社のなかには、「通勤手当は、通勤に要する交通費の実費を弁償するために支払われるもので、労働の対価として支払われるものではない」という理由で、平均賃金の算定において通勤手当を除外している例があるようですが、そのような取扱いは正しくありません。

　厚生労働省は、「通勤手当を平均賃金算定の基礎から除外するのは違法である」（昭和22・12・26、基発573号）という通達を出しています。
　エ　休業手当の決め方
　休業手当の決め方には、実務的には図表に示すような3つの方法があります。

図表　休業手当の決め方

決め方	例
休業日数にかかわらず同一	日数にかかわらず、平均賃金の60%
一定日数以降、増額	5日までは、平均賃金の60%、6日以降は70%
一定日数以降、減額	3日までは、平均賃金の75%、4日以降は60%

　オ　時間単位・半日単位の休業の場合の休業手当
　休業については、理論的には、
　・時間単位での休業（例えば、始業時から2時間の休業）
　・半日単位での休業（例えば、午後のみの休業）
も考えられます。
　時間単位・半日単位の休業の場合の休業手当の取扱いについて、厚生労働省では、次のような通達を出しています。
　「1日の所定労働時間の一部のみ使用者の責に帰すべき事由による休業がなされた場合にも、その日について平均賃金の100分の60に相当する金額に満たない場合には、その差額を支払わなければならない」（昭和27・8・7、基収第3445号）
　時間単位または半日単位で休業し、休業した時間分だけ給与をカットし、1日分の休業手当を支払うと、結果的に会社の持ち出し分が給与のカット分を上回ってしまい、不合理となります。このため、休業

は1日単位で行うほうがよいでしょう。

④　給与のカット

休業に対しては、給与を支払いません。休業1日につき、給与の1日分（所定内給与÷1か月の所定勤務日数）をカットします。

所定内給与（基本給＋諸手当）が30万円、所定勤務日数が22日の場合、次のように取り扱います。

給与のカット　300,000円÷22日＝13,636円

(3)　実施要領の作成

一時休業は、整然と行うことが必要です。このため、実施要領を作成し、経営幹部の間で意思統一を図ります。

一時休業実施要領

1　休業の目的

コロナ禍に伴う過剰在庫を解消すること。

2　休業の対象部門・対象者

次の部門に所属する者。ただし、課長以上の役職者および機械設備の保守点検の担当者は除く。

　(1)　生産部門

　(2)　検査部門

　(3)　物流部門

3　休業期間

〇〇月〇〇日（〇）〜〇〇月〇〇日（〇）

4　休業手当の支払い

休業1日につき平均賃金の60％を支払う。

5　給与のカット

休業1日につき、所定内給与の1日分をカットする。

6　休業手当の支払日と給与のカット日

○○月25日に行う。

7　職場への立入禁止

休業中の社員が職場に立ち入ることを禁止する。

以上

(4)　一時休業の労使協定

①　一時休業の取扱い

労働組合のある会社では、労働協約において一時休業の取扱いを定めているのが一般的です。

労働協約において「一時休業を実施するときは、あらかじめその内容を労働組合に通知する」と定めているときは、事前に組合に通知します。

「一時休業を実施するときは、あらかじめその内容を労使で協議する」と定めているときは、事前に協議します。そのうえで、労使協定を締結してから休業を実施します。

また、「一時休業については、組合の同意を得たうえで実施する」と定めているときは、事前に休業の必要性と休業の規模を説明します。そして、組合の同意を得たうえで、労使協定を締結し、休業を実施します。

②　労使協定の例

一時休業についての労使協定の例を示すと、次のとおりです。

───── **一時休業の労使協定** ─────

○○年○○月○○日

○○株式会社取締役社長○○○○

○○労働組合執行委員長○○○○

○○株式会社と○○労働組合とは、コロナ禍に伴う生産調整のために実施する一時休業について、次のとおり協定する。

1　休業の対象部門・対象者

　次の部門に所属する者。ただし、課長以上の役職者および機械設備の保守点検の担当者は除く。

　(1)　生産部門

　(2)　検査部門

　(3)　物流部門

2　休業期間

　○○月○○日（○）〜○○月○○日（○）

3　休業手当の支払い

　休業1日につき平均賃金の60%を支払う。

4　給与のカット

　休業1日につき、所定内給与の1日分をカットする。

　この協定は、○○年○○月○○日から○○年○○月○○日まで有効とする。

以上

(5)　**社員への通知**

　一時休業の内容を社員に通知します。

＜一時休業の社員への通知＞

○○年○○月○○日

社員の皆さんへ

取締役社長

一時休業について（お知らせ）

　新型コロナウイルスの感染拡大に伴い販売が減少し、在庫が過

剰となりました。在庫を適正水準に戻すため、生産調整が必要となりました。このため、次のとおり一時休業を実施します。このことについて、皆さんのご理解とご協力を求めます。

記

1　休業の対象部門・対象者

　次の部門に所属する者。ただし、課長以上の役職者および機械設備の保守点検の担当者は除く。

　(1)　生産部門

　(2)　検査部門

　(3)　物流部門

2　休業期間

　○○月○○日（○）〜○○月○○日（○）

3　休業手当の支払い

　休業1日につき平均賃金の60％を支払う。

　（注）平均賃金とは、過去3か月間に支払われた給与の総額（通勤手当、時間外勤務手当、休日勤務手当を含む。賞与は含まない）を、3か月の総日数（91日）で割ったものをいう。

4　給与のカット

　休業1日につき、所定内給与の1日分をカットする。

5　職場への立ち入り

　休業中は自宅で待機する。職場への立入りは禁止する。

以上

3　人件費の抑制

(1)　人件費の削減の方法

　会社の経営にはさまざまな経費を必要とします。人件費は、経費のなかで最も必要性の高い経費です。また、人件費は、経費のなかで相当高い割合を占めます。情報関係の会社のなかには、経費の大半が人件費という会社もあります。

　コロナ感染の拡大で需要が低迷し、不幸にして業績が不振に陥った

ときは、人件費を削減し、経営基盤、財務基盤の回復を図ります。

　主として人件費の削減・調整には、

　　・昇給の抑制、停止

　　・諸手当の減額、支給停止

　　・賞与の支給額の抑制、不支給

　　・出張経費の削減

などがあります。

⑵　**昇給の抑制・停止**

①　**昇給の人件費への影響**

　多くの会社が毎年４月に給与の引上げを行っています。社員は、４月の定期昇給を当然のこととして受け止めています。

　昇給の方法は、会社によって異なります。全社員一律に同率あるいは同額を引き上げている会社もあれば、社員一人ひとりについて前年度の勤務態度、職務遂行能力および勤務成績（仕事の量・仕事の質）を評価し、その評価の結果に基づいて、昇給率を決めている会社もあります。

　給与は、毎月１回、定期的に支払われるものです。したがって、４月に引き上げると、その影響はその後１年にわたって及びます。また、給与が高くなれば、社会保険（厚生年金保険、健康保険、介護保険、雇用保険等）の保険料の使用者負担分も増えます。さらに、賞与や退職金も給与に比例して決められているため、昇給の人件費増額の影響はきわめて大きいといえます。

②　**昇給の抑制・停止**

　業績不振のときは、

　　・昇給率を通常よりも抑制する

　　・昇給を停止する

などの措置を講じます。

例えば、人事考課の結果を踏まえて、S・A・B・C・Dの5区分で昇給率を決めていたときは、次のように取り扱います。

S評価　　通常5％昇給➡3％昇給

A評価　　通常3％昇給➡2％昇給

B評価　　通常2％昇給➡1％昇給

C評価　　通常1％昇給➡昇給ゼロ

D評価　　通常昇給ゼロ➡昇給ゼロ

③　昇給による給与増の試算

昇給の取扱いを決めるにあたっては、「昇給によって、給与・社会保険の使用者負担分がどれほど増えるか」を試算するのが合理的です。その試算結果を見て、「資金繰りの面で耐えられるか」を判断します。そのうえで、昇給の取扱いを決定します。

様式例　昇給の給与増・社会保険料増の試算表

	給与の増加額（年間）	社会保険料の使用者負担分の増加額（年間）	計
3％昇給の場合			
2％昇給の場合			
1％昇給の場合			

＜昇給停止の社内通知＞

○○年○○月○○日

社員の皆さんへ

取締役社長

定期昇給の停止について（お知らせ）

　コロナ禍により売上げが減少し、経営は苦境に陥っています。この苦境を乗り切るためには、経費を少しでも削減する必要があります。このため、本年度は残念ながら４月の定期昇給を停止することとします。

　これは、雇用を維持しつつ、経営難を乗り切るためのやむを得ない措置です。このことについて、皆さんのご理解を求めます。

以上

(3)　諸手当の減額・不支給

　諸手当は、基本給を補完する目的で支給されるものです。

　業績が不振になったときは諸手当について、

　・支給額を減額する

　・支給を停止する

などの措置を講じます。

＜諸手当減額の社内通知例＞

○○年○○月○○日

社員の皆さんへ

取締役社長

諸手当の減額について（お知らせ）

　コロナ禍により売上げが減少し、経営は苦境に陥っています。この苦境を乗り切るためには、経費を少しでも削減する必要があ

ります。このため、誠に残念ですが、諸手当について次のとおり
減額措置を講じることとしました。

　これは、雇用を維持しつつ、経営難を乗り切るためのやむを得
ない措置です。このことについて、皆さんのご理解を求めます。

	現行	4月以降
家族手当	配偶者　15,000 第一子　5,000 第二子　4,000 弟三子以下　　1人3,000	配偶者　10,000 第一子　3,000 第二子以下　　1人2,000
住宅手当	借家　20,000 持家　10,000	借家　10,000 持家　5,000
役付手当	部長　80,000 課長　40,000 係長　20,000	部長　40,000 課長　20,000 係長　10,000

以上

⑷　賞与の抑制・不支給

　コロナの影響で販売・受注が減少し、採算が悪化したときは、賞与
について、

　・支給額を通常よりも減額する

　・支給を停止する

などの措置を講じます。

＜賞与不支給の社内通知例＞

```
                                ○○年○○月○○日
  社員の皆さんへ

                                    取締役社長

        年末賞与の不支給について（お知らせ）

    コロナ禍により売上げが減少し、経営は苦境に陥っています。
  この苦境を乗り切るためには、経費を少しでも削減する必要があ
  ります。このため、誠に残念ですが、本年度は、年末賞与の支給
  を停止することとします。
    これは、雇用を維持しつつ、経営難を乗り切るためのやむを得
  ない措置です。このことについて、皆さんのご理解を求めます。
                                        以上
```

⑸　出張経費の削減

　　業績が不振に陥ったときは、出張経費の削減に取り組みます。削減
　策としては、一般には図表に示すようなものがあります。

図表　出張経費の削減策

```
・オンライン出張に切り替えることができるものは、切り替える
・出張する人員を必要最小限に抑える
・出張期間をできる限り短縮する
・日帰り出張が可能であるときは、日帰りとする
・日当の金額を引き下げる
・新幹線回数券を利用する
・格安航空券を購入する
・グリーン車の利用を制限する
・ビジネスホテルを利用する
・出張先でのタクシーの利用は、できる限り控える
```

＜出張経費削減の社内通知例＞

〇〇年〇〇月〇〇日

社員の皆さんへ

取締役社長

出張日当の減額について（お知らせ）

　コロナ禍により売上げが減少し、経営は苦境に陥っています。この苦境を乗り切るためには、経費を少しでも削減する必要があります。このため、出張の日当を次のように減額します。ご理解とご協力を求めます。

1　出張日当の減額

　　部長・部長待遇　　4,000円➡3,000円

　　課長・課長待遇　　3,500円➡2,500円

　　係長以下　　　　　2,500円➡2,000円

2　適用開始日

　〇〇年〇〇月〇〇日

以上

4　諸経費の削減

(1)　経費節減の必要性

　業績が不振に陥ったときは、「出費をできる限り減らす」という経営を展開することが望ましいです。営業努力によって売上げを伸ばして収支の改善を図るのが理想ですが、売上げを伸ばすのは容易ではありません。それよりも、経費の削減によって収支の改善を目指すほうが現実的です。

　削減・節約の対象とする経費としては、一般には図表に示すようなものがあります。

図表　削減の対象とする経費

- ・光熱費、水道費
- ・通信費
- ・新聞、雑誌の購読料
- ・文房具費
- ・タクシー代
- ・諸団体への寄付金、賛助金
- ・資料の印刷代
- ・交際費、接待費
- ・会議費
- ・その他日常的に支出されるもの

(2)　社員への呼びかけ

　経費の削減には、社員の理解と協力が必要不可欠です。このため、社員に対して、経費の削減に取り組むように求めます。

　具体的には、

- ・経費節減を求める社内通知を出す
- ・職場に経費節減のポスターを張り出す
- ・社内放送で経費節減を呼びかける
- ・各課に「経費節減リーダー」を置く

などの措置を講じます。

＜経費削減を求める社内通知例＞

　　　　　　　　　　　　　　　　　　　　　　○○年○○月○○日

　社員の皆さんへ

　　　　　　　　　　　　　　　　　　　　　　　取締役社長

　　　　　　　　　　　経費の節減について（お願い）

　コロナ禍により売上げが減少し、経営は苦境に陥っています。

この苦境を乗り切るためには、経費を少しでも削減する必要があります。このため、次の経費の節減・節約に努めるよう、ご協力を求めます。
- ・光熱費、水道費
- ・通信費
- ・新聞、雑誌の購読料
- ・文房具費
- ・タクシー代
- ・その他日常的に支出されるもの

以上

5　新卒者採用の抑制・停止

⑴　新卒者採用の抑制・停止

　業績が低迷すると、募集・採用に充当できる費用も制約されます。また、すぐには戦力にならない人材を雇用する余裕もなくなります。

　このため、新卒者の採用について、
- ・採用数を減らす
- ・採用を見送る

などの措置を講じます。

様式例　採用数変更の承認願い

　　　　　　　　　　　　　　　　　　　　○○年○○月○○日

取締役社長殿

　　　　　　　　　　　　　　　　　　　　　　人事部長
　　　　　　○○年度新卒者採用数の変更について（お伺い）

　新型コロナ禍に伴い、○○年度の新卒者採用数を次のとおり変更したいと思います。

	採用予定数	当初の採用予定数	当初比	備考
大卒・文系				
大卒・理系				
高専卒				
高校卒				
計				

以上

⑵ 採用予算の見直し

　一般に新卒者の採用には、

　・就職情報サイトの掲載料

　・会社説明会の開催費

　・会社案内パンフレットの作成費

などが必要となります。また、大学の就職課に宛てて求人票を送れば採用できるというわけではありません。

　業績不振の下でも今後のことを考えて、新卒者を一定数採用するときは、採用予算の見直し（減額）を行います。

様式例　採用予算修正の承認願い

　　　　　　　　　　　　　　　　　　　　　○○年○○月○○日

　取締役社長殿

　　　　　　　　　　　　　　　　　　　　　　　　人事部長

　　　　　　○○年度新卒者採用予算の修正について（お伺い）

　新型コロナ禍に伴い、○○年度の新卒者採用予算を次のとおり修正したいと思います。

	予算	当初予算	当初比	備考
就職情報サイト掲載料				

採用ホームページ制作料・管理料			
会社案内制作費・印刷費			
会社説明会開催費			
内定者管理費			
諸雑費			
計			

以上

6　希望退職の実施

⑴　希望退職の趣旨

①　過剰人員の解消

　販売不振・業績不振に陥り雇用が過剰となったときは、一般に一時休業が選択されます。一時休業によって過剰な在庫が解消されるとともに、販売が回復することが理想ですが、現実には、過剰在庫がさらに増加したり、販売が回復しなかったりすることがあります。

　このような場合には、過剰人員を整理する必要があります。過剰人員を放置しておくと、人件費の負担で業績がさらに悪くなります。

　過剰人員を整理する手段として、希望退職が広く実施されています。退職金を優遇するという条件で退職者を募集します。

②　整理解雇と希望退職

　過剰人員の解消という観点からすれば、「整理解雇」が効果的ですが、整理解雇は、会社の一方的な意思で社員を社外に出すというもののため、労働組合との間でトラブルが生じやすくなります。また、「あの会社の経営はそれほど悪いのか」といって、取引先が離反する可能性があります。さらに、整理解雇が新聞やテレビで報道されると、会社の社会的信用が著しく低下します。

労使間のトラブル（労使紛争）、主要な取引先の離反、会社の社会的信用の低下は、経営再建をさらにいっそう難しくします。

しかし、希望退職はきわめて穏便な手段のため、そのような問題が生じる可能性は少ないといえます。

(2) 希望退職の実施要領

① 募集人員

はじめに、募集人員を決めます。

募集人員は、

・人員がどれほど過剰か

・退職金をどれだけ用意できるか

を判断して決めます。

希望退職は、過剰雇用の解消を目的として行われるものです。したがって、本来的には過剰雇用の実態だけを考慮して募集人員を決定すべきでしょう。

また、希望退職では退職金を優遇するのが一般的です。退職金を優遇しなければ退職を申し出る者が出ないからです。退職の申し出が少なければ、過剰雇用は解消されません。このため、退職金の原資の調達可能額を勘案しなければなりません。

② 募集対象者

募集対象者については、

・全社員を対象とする

・年齢、勤続年数、職種などで一定の条件を付ける

の２つがあります。

全社員を対象とすると、母集団が大きくなるので、募集人員を早く満たせますが、その反面、若い人材、研究・商品開発・営業などの経営再建に必要な業務を担当する者が多く退職し、経営再建に支障が生じる可能性があります。

　なお、いずれの場合においても、専門的知識を持っている者、管理力に優れている者、営業や商品開発等で実績のある者など、「業務上特に必要とする者」は、募集の対象外とするのがよいでしょう。

③　募集期間

　誰にとっても「退職」は、重要な問題です。親や配偶者に相談しなければ決められない人もいます。再就職先についても、ある程度考えておく必要があります。住宅ローンを抱えている人も少なくないでしょう。

　会社から「退職金を上積みするから退職してくれないか」といわれて、「退職します」と即答できる人は少ないでしょう。

　したがって、退職の決断には、一定の期間が必要となります。

　一方、会社の立場からすると、業績が不振なので、2か月、3か月もかけて退職者を募集する時間的な余裕はありません。

　これらの事情を考慮すると、募集期間は2週間程度とするのが適切でしょう。

④　退職日

　退職日の取扱いについては、

　・会社の方で指定する（一定の日に全員を退職させる）

　・社員自身に決めさせる

などがあります。

　社員自身に退職日を決めさせると、毎日のように退職者が出て、職場は落ち着きません。このため、募集期間最終日の1、2週後を統一退職日とするのが現実的でしょう。

⑤　退職金の優遇

　応募者が募集人員に達するかどうかは、退職金の優遇条件によって大きく左右されます。退職金に魅力がなければ、応募者は少ないですし、逆に優遇を良くすると、会社の資金負担が重くなり、再建に支障を及ぼします。

退職金の決め方には、主として、図表に示すようなものがあります。

図表　退職金の優遇方法

優遇方法	例
会社都合退職の支給率を適用する	
定年まで勤続したものとみなし、定年時の支給率を適用する	
一定額を加算支給する	○一律加算 500万円加算する ○年齢区分方式 　45〜49歳　　500万円加算 　50〜54歳　　400万円加算 　55歳〜　　　300万円加算
給与の一定月数分を加算支給する	45〜49歳　　24か月分加算 　50〜54歳　　12か月分加算 　55歳〜　　　6か月分加算
所定退職金の一定割合を加算する	○一律加算 　退職金の50％加算 ②年齢別加算 　45〜49歳　　50％割増 　50〜54歳　　40％割増 　55歳〜　　　30％割増

様式例　優遇内容別・募集人員別の退職金総額の試算

	○○人募集の場合	○○人募集の場合	○○人募集の場合
退職金の30％加算の場合			
退職金の40％加算の場合			
退職金の50％加算の場合			

⑶　実施要領の作成

　希望退職は、経営危機を乗り越えるために行われるものです。したがって、整然と行われることが重要です。実施を社員に発表してから、募集人員を増減したり、あるいは退職金の優遇条件を変更したりするような混乱があってはいけません。

　希望退職を行うときは、その具体的な内容を「実施要領」として取りまとめ、関係者の意思統一を図ることが望ましいです。

　実施要領の作成例を示すと、次のとおりです。

希望退職実施要領

1　実施の目的
　コロナ禍による販売不振で生じた業績の低迷に対応すること

2　希望退職の募集人員
　○○人

3　募集の対象者
　45歳以上の者。ただし、業務上特に必要とする者を除く。

4　募集期間
　○○月○○日（○）〜○○月○○日（○）

5　退職日
　○○月末日

6　退職金の割増し
　退職時の年齢に応じて、退職金を次のとおり割増支給する。

　　　45〜49歳　　　50％割増
　　　50〜54歳　　　40％割増
　　　55歳〜　　　　30％割増

7　その他
　募集期間の途中で募集人員に達したときは、その時点で募集を中止する。

	以上

(4) 労使協定の締結

　希望退職は、退職を強制するものではありませんが、退職に関係するものです。このため、労働組合にとっては、きわめて重要な案件です。そこで、労働組合の求めに応じて、希望退職を組合との「協議事項」または「同意事項」としているところが多いです。

　希望退職を労働組合との協議事項または同意事項としている会社は、労使協定を締結したうえで実施しています。

＜労使協定の例＞

希望退職に関する労使協定

○○年○○月○○日
○○株式会社取締役社長○○○○
○○労働組合執行委員長○○○○

希望退職に関する労使協定

　○○株式会社と○○労働組合とは、コロナ禍に伴う業績不振に対応するための希望退職について、次のとおり協定する。

1　希望退職の募集人員

　○○人

2　募集の対象者

　45歳以上の者。ただし、業務上特に必要とする者を除く。

3　募集期間

　○○月○○日（○）〜○○月○○日（○）

4　退職日

　○○月末日

5　退職金の割増し

退職時の年齢に応じて、退職金を次のとおり割増支給する。

45～49歳　　50％割増

50～54歳　　40％割増

55歳～　　　30％割増

6　その他

(1)　募集期間の途中で募集人員に達したときは、その時点で募集を中止する。

(2)　募集人員に達しなかったときの取扱いは、募集期間終了後にあらためて協議する。

(3)　募集に応じるかどうかは各人の意志によるものとし、会社は退職を強制しない。

この協定は、○○年○○月○○日から○○月○○日まで有効とする。

以上

⑷　社員への発表と個別面談

①　社員への発表

希望退職の内容を決定したあとは、速やかに社員に発表し、退職希望を受け付けます。また、労働組合のある会社は、組合との間で所定の手続き（協議または同意）を踏み、その後社員に発表します。

＜希望退職の社内通知例＞

〇〇年〇〇月〇〇日

社員の皆さんへ

取締役社長

希望退職の実施について（お知らせ）

　新型コロナウイルスの感染拡大により販売不振となり、経営はきわめて苦しい状態に陥っています。この苦境に対応するため、誠に残念ではありますが、次のとおり希望退職の募集を実施することとします。皆さんのご理解とご協力を求めます。

記

1　希望退職の募集人員
　〇〇人

2　募集の対象者
　45歳以上の者。ただし、業務上特に必要と認める者は除く。

3　募集期間
　〇〇月〇〇日（〇）〜〇〇月〇〇日（〇）

4　退職日
　〇〇月末日

5　退職金の割増し
　退職時の年齢に応じて、退職金を次のとおり割増支給する。
　　　45〜49歳　　　50％割増
　　　50〜54歳　　　40％割増
　　　55歳〜　　　　30％割増

6　退職届の提出
　退職を希望する者は、所属長を通じて退職届を提出してください。

7　その他
　募集期間の途中で募集人員に達したときは、その時点で募集を中止します。

以上

様式例　退職届

```
                              ○○年○○月○○日
取締役社長○○○○殿
                              ○○部○○課○○○○

              退職届

希望退職により、○○年○○月○○日をもって退職します。
                                      以上
```

② **個別面談の実施**

　会社は、希望退職の趣旨と内容を社員に対して周知徹底することが必要です。このため、役職者が希望退職の対象者と個別に面談し、会社の経営事情を説明したうえで、希望退職の内容を伝え、希望退職への協力を求めます。

　なお、個別面談において退職を強く求めることは、避けなければなりません。

③ **募集人員に達したとき**

　会社の立場からすると、募集期間中に退職の申し出が募集人員に達するのが理想です。

　募集人員に達したときの対応には、

　・その時点で募集を打ち切る

　・最終日まで募集を続け、退職希望者全員を退職させる

の2つがあります。

＜希望退職中止の社内通知＞

○○年○○月○○日

社員の皆さんへ

取締役社長

希望退職の中止について（お知らせ）

コロナ禍に対応し、○○月○○日から希望退職を実施してきましたが、このほど募集人員に達しました。このため、○○月○○日をもって希望退職の募集を中止します。皆さんのご協力に感謝します。

なお、引き続き販売と業績の回復について、皆さんのご協力をお願いします。

以上

④ 募集人員に達しなかったとき

応募者が少なく募集人員に達しなかったときは、引き続き二次募集を行います。

なお、二次募集において退職金などの優遇条件を引き上げるのは避けるべきでしょう。一次募集に応じた者とのバランスが取れなくなるからです。

【著者紹介】

荻原　勝（おぎはら　まさる）
東京大学経済学部卒業。人材開発研究会代表。経営コンサルタント

〔著書〕
『残業時間削減の進め方と労働時間管理』、『就業規則・給与規程の決め方・運用の仕方』、『働き方改革関連法への実務対応と規程例』、『人事考課制度の決め方・運用の仕方』、『人事諸規程のつくり方』、『実務に役立つ育児・介護規程のつくり方』、『人件費の決め方・運用の仕方』、『賞与の決め方・運用の仕方』、『諸手当の決め方・運用の仕方』、『多様化する給与制度実例集』、『給与・賞与・退職金規程』、『役員・執行役員の報酬・賞与・退職金』、『新卒・中途採用規程とつくり方』、『失敗しない！新卒採用実務マニュアル』、『節電対策規程とつくり方』、『法令違反防止の内部統制規程とつくり方』、『経営管理規程とつくり方』、『経営危機対策人事規程マニュアル』、『ビジネストラブル対策規程マニュアル』、『社内諸規程のつくり方』、『執行役員規程と作り方』、『執行役員制度の設計と運用』、『個人情報管理規程と作り方』、『役員報酬・賞与・退職慰労金』、『取締役・監査役・会計参与規程のつくり方』、『人事考課表・自己評価表とつくり方』、『出向・転籍・派遣規程とつくり方』、『ＩＴ時代の就業規則の作り方』、『福利厚生規程・様式とつくり方』、『すぐ使える育児・介護規程のつくり方』（以上、経営書院）など多数。

コロナ禍の社内規程と様式

2021 年 7 月 27 日　第 1 版　第 1 刷発行　　　　定価はカバーに表
　　　　　　　　　　　　　　　　　　　　　　　　示してあります。

　　　　　　　　　　　　　　　　　著　者　荻原　　勝

　　　　　　　　　　　　　　　　　発行者　平　　盛之

　　　　　　　　　　㈱産労総合研究所
　　　　発行所
　　　　　　　　　　出版部　経営書院

　　　　　　　　　〒100－0014
　　　　　　　　　東京都千代田区永田町 1 －11－ 1　三宅坂ビル
　　　　　　　　　電話03（5860）9799　振替00180-0-11361

　　　　　　　　　　　　　　　　　印刷・製本　中和印刷株式会社
　　　　　　　　　ISBN978-4-86326-315-4